设计策展·理论与实践系列

设计作为一种态度

Design as an Attitude

[英] 爱丽丝·劳斯瑟恩（Alice Rawsthorn） 著

李贝壳 译

机械工业出版社
CHINA MACHINE PRESS

Alice Rawsthorn, *Design as an Attitude*

© 2022 JRP | Editions SA, Les presses du réel, and Alice Rawsthorn
ISBN: 978-3-03764-582-6
First published in an English version in May 2018
Simplified Chinese Translation Copyright © 2025 China Machine Press. This edition is authorized for sale throughout the world.
All rights reserved.

此版本可在全球销售。未经出版者书面许可，不得以任何方式抄袭、复制或节录本书中的任何部分。

北京市版权局著作权合同登记　图字：01-2024-1454号。

图书在版编目（CIP）数据

设计作为一种态度 /（英）爱丽丝·劳斯瑟恩（Alice Rawsthorn）著；李贝壳译. -- 北京：机械工业出版社，2025.1. --（设计策展）. -- ISBN 978-7-111-77086-2

Ⅰ.J06

中国国家版本馆CIP数据核字第2024RB4407号

机械工业出版社（北京市百万庄大街22号　邮政编码100037）
策划编辑：马　晋　　　　　责任编辑：马　晋　章承林
责任校对：郑　婕　梁　静　责任印制：单爱军
保定市中画美凯印刷有限公司印刷
2025年8月第1版第1次印刷
155mm×230mm·12.75印张·2插页·160千字
标准书号：ISBN 978-7-111-77086-2
定价：68.00元

电话服务　　　　　　　　　　网络服务
客服电话：010-88361066　　　机　工　官　网：www.cmpbook.com
　　　　　010-88379833　　　机　工　官　博：weibo.com/cmp1952
　　　　　010-68326294　　　金　书　网：www.golden-book.com
封底无防伪标均为盗版　　　　机工教育服务网：www.cmpedu.com

前言

我与设计的结缘纯属偶然。20世纪70年代末，我在英国剑桥大学攻读艺术史时，发现这门课程比想象中更为保守，但学院图书馆却堪称宝藏，藏有大量关于艺术、建筑、批判理论的优秀书籍和期刊——还有当时尚属冷门的设计领域的读物。

我最爱读的是意大利设计师、视觉理论家、"激进设计"（Radical Design）运动领军人物亚历山德罗·门迪尼（Alessandro Mendini）的文章，他当时正担任《多姆斯》（Domus）杂志主编。门迪尼通过这本杂志打破了"设计只是造型或营销工具"的刻板印象，将其塑造成能随社会、文化、政治、经济及环境变迁而持续演变的变革力量。他还将设计置于艺术、建筑、政治、时尚、电影、文学、音乐、朋克、经济等令我着迷领域的交汇处。

这一设计观始终指引着我的工作实践：最初在担任《金融时报》记者及巴黎站特派员期间，我会在相关选题中融入设计视角，并开创性地将创意产业纳入报道范畴。工作之余，我通过阅读和观展持续积累设计知识。2000年，在从事综合新闻报道二十年后，我决定专注于这个令我倾注热情、契合文化志趣并能深耕的领域。

我选择了设计因为它令我着迷。这个被边缘化和低估的领域，需要有人为其正名。我也深信，设计作为渗透生活每个角落的存在（无论我们察觉与否），注定处于永恒流变之中，这将推动我不断更新我的认知。

事实正是如此。作为《金融时报》和《纽约时报》的首任设计评论撰稿人,我探索设计在应对重大挑战中的作用,并向全球读者传递设计的当代观念:从应对人道主义危机、气候紧急状态,到改善社会不平等、无家可归问题和性别认同等议题。同时我力图呈现更为多元与包容的设计史图景。

而这一使命延续至今:我通过演讲,与策展人保拉·安东内利（Paola Antonelli）共同运营的播客与研究平台"设计应急"（Design Emergency）,以及我的写作,最终凝结成这本《设计作为一种态度》。书中我以个人视角阐释了设计如何影响人们的生活,并孕育积极变革的可能。本书引发的反响令我惊喜,如今中文版问世更让我感到欣慰。希望各位读者能够喜欢。

爱丽丝·劳斯瑟恩

于英国伦敦

2025年

引言
设计是一种态度

海洋清理（The Ocean Cleanup）是一家荷兰非营利组织，旨在通过清理河流和海洋中的塑料垃圾来解决全球最严重的污染问题之一。在图中，海上工作人员于 2021 年在太平洋调查了海洋清理系统 002 的滞留区。

> 设计不仅仅是一种职业，而且是一种态度。
>
> ——拉兹洛·莫霍利-纳吉（László Moholy-Nagy）[1]

新年伊始并不顺利。拉兹洛·莫霍利-纳吉在芝加哥努力创办新设计学院的过程中，已经与金融危机和政治冲突斗争了6年之久。然而，在1945年初，他再次与学校董事会产生了分歧：这次是因为学生人数稀缺的问题。更为严峻的是，那年春天，学校大楼的租约即将到期，他还面临寻找新校址的挑战。莫霍利-纳吉在芝加哥开设的第一所学校在运营一年多后就关闭了，而现在，第二所学校也同样面临着关闭的危机。尽管他最终成功说服了董事会，使学校得以继续运营，但这场为拯救学校而进行的斗争却给莫霍利-纳吉本人带来了巨大的伤害。

他原本希望在1945年，也就是他50岁的这一年，能够有更多的时间来完成他两年前开始撰写的视觉理论著作。但学校的问题却日益严重，莫霍利-纳吉白天被教学和管理工作填满，晚上则忙于商业设计项目以维持家庭生计，这导致他只能在周末抽出几个小时来撰写书籍。更糟糕的是，1945年秋天，莫霍利-纳吉病重，并被诊断为白血病。即使在被送入医院后，他仍坚持让妻子西比尔（Sibyl Moholy-Nagy）在探望时带上照片、画作和笔记的文件夹，以便他能在输血、注射和X光检查期间，继续设计排版。[2]

莫霍利-纳吉在圣诞节前不久出院，并于次月重返学校继续工作。他抓紧了春天和夏天的每一段空闲时间来完成这本书，但他的身体状况日益恶化，最终在1946年11月24日去世。[3]他的著作《运动中的视觉》(Vision in Motion)，于次年出版。无论是当时还是现在，阅读这本书的人可能都不会猜到作者在写作过程中所经历的可怕折磨。作为莫霍利-纳吉关于设计、艺术、技术、创意教育及其在社会中角色的宣言,《运动中的视觉》凝聚了一位具有非凡天赋和活力的个体的思想和观察。他经历了第一次世界大战后匈牙利构成主义的诞生,20世纪20年代德国包豪斯的鼎盛时期,以及30年代现代主义在英国和美国的兴起。尽管莫霍利-纳吉在撰写《运动中的视觉》时病重,但这本书却充满了活力和乐观精神,特别是他对设计能够构建更美好世界的信念。

这种兼容并蓄且赋予力量的设计理念,以及坚信社会能从采取更加开放和进步的设计方法中获益的深切信念在《运动中的视觉》一书的第二章中被精练地表述为:"设计不仅仅是一种职业,而且是一种态度。"我一直钟爱这句话,尽管现在提到"设计"(Designing)一词时听起来有点古怪。"设计的理念和设计师的职业必须从专业职能的观念转变为一种普遍适用且富有创造性和应变能力的态度,这种态度使得项目不再被视为孤立的存在,而是与个体和社会的需求息息相关",莫霍利-纳吉写道,"最终,所有的设计问题都汇聚成一个重大问题:'为生活而设计'。在一个健康的社会中,这种为生活而设计的理念将激励每一个职业和行业发挥其作用,因为文明的品质取决于其中所有工作的相互关联程度。"[4]

莫霍利-纳吉的典型思维是将设计从工业革命以来所扮演的专业角色束缚中解放出来,重新将其定义为一种根植于本能、创造力和应变能力的即兴媒介,并向所有人开放。他勇敢无畏、慷慨大方,具有颠覆性且充满好奇心,是我最喜欢的设计历史人物之一。有谁能抗拒这位流亡艺术家和知识分子的魅力呢?他在包豪斯任教时穿着工厂工人的工作服以表达他对技术的热情,同时他允许女性学习任何她们希望学习的科目,包括之前只为男性保留的科目。又有谁会不钦佩莫霍利-纳吉抵达美国后的勇气呢?虽然他以西装作为新的日常装束,但在政治上他依然保持着一如既往的激进态度,尤其在那个时代,芝加哥的教育系统普遍实行种族隔离，而他却欢迎非裔学生和教师。无论身在何处，也无论个人境遇如何，莫霍利-纳吉都保持着对实验的热情：从开创当时新兴的电影和摄影媒介，到研究它们对视觉文化和日常生活的方方面面的影响。

莫霍利-纳吉将设计视为一种态度的观念，根植于他年轻时对构成主义运动的信念。在第一次世界大战后不久的布达佩斯，他作为一名年轻艺术家接触到了这一运动。设计在最初的构成主义者的作品中扮演了关键角色，这是一群由俄罗斯前卫艺术家、作家和知识分子构成的团体，他们在战争的最后几年里聚在一起交流思想并策划社会变革，其中包括亚历山大·罗德琴科（Aleksandr Rodchenko）和妻子瓦尔瓦拉·斯捷潘诺娃（Varvara Stepanova），以及他们的朋友阿列克谢·甘（Aleksei Gan）、埃尔·利西茨基（El Lissitzky）和里尤波夫·波波娃（Lyubov Popova）。他们坚信，艺术家、设计师和科学家应当与工业界携手合作，共同创造"为新生活而生的新事物"，正如波波娃所言，以此构建一个更加美好、更加公正的社会。这一信念与莫霍利-纳吉在20世纪20年代初期于维也纳和柏林期间所遇到的构成主义支持者所秉持的理念不谋而合。

这是莫霍利-纳吉于1923年3月来到包豪斯后带来的设计愿景。在接下来的五年里，他成为学校最具影响力的教师，并在将包豪斯定位为充满实验精神的进步和包容性机构方面发挥了重要作用。1928年离开包豪斯后，莫霍利-纳吉将他所有的新事业，包括在芝加哥创办的学校，都融入了同样的精神，他在《运动中的视觉》描述的"态度设计"概念中精妙地阐述了这种精神。

本书命名为《设计作为一种态度》，部分原因是为了向莫霍利-纳吉致敬，同时也因为这些词语很好地概括了书中描述的大量工作。本书的第1版是基于我2014年至2017年为艺术杂志《弗里兹》(*frieze*)撰写的"源于设计"（By Design）专栏，该专栏旨在探讨我认为当代设计中最为重要的问题。本书已经过更新，并为此新版添加了新文本。我现在的目标与当时一样——描绘出我认为设计领域正处于一个令人振奋但极具挑战性的时期，在这个时期，设计学科本身及其对我们生活的影响都在发生巨大变化。

鉴于设计在不同时间和不同语境中承载了纷繁复杂的含义，且常易陷入概念混淆和陈词滥调的困境，因此，首先明确我对于"设计"的理解，无疑是一个明智的起点。在设计的众多面貌中，它始终扮演着至关重要的角色——作为变革的催化剂，它解读着社会、政治、经济、科学、技术、文化、生态等各个领域中的种种变迁，并致力于确保这些变迁对我们产生积极而非消极的影响。本书深入探讨了设计师（无论其专业背景如何）在这样一个动荡不安、危机四伏的时代背景下，如何履行这一角色，特别是在我们正面临前所未有的快速且大规模变化的当下。

这些挑战包括全球性的难题，如日益严峻的气候紧急状况和难民危机；贫困、偏见、欠缺包容和极端主义的抬头；人们认识到，许多在20世纪组织我们生活的系统和机构，如今已不再奏效。在具有毁灭性的新型冠状病毒感染危机之后，人们迫切需要重建世界来保护我们免受未来大流行病的侵害；同时，我们正在面对越来越复杂和强大的技术洪流，它们有望改变社会，尽管并不总是朝着更好的方向发展。本书描述了设计师们如何通过规划和执行项目来应对气候变化；重塑医疗保健和社会服务失调的功能；给予人为和自然灾害的受害者更多支持；帮助寻求庇护者融入新的社区；阐述更微妙和折中的性别认同；以及倡导社会正义。它记录了设计与艺术、工艺等其他学科之间关系的演变，以及设计在手工制作、机械制作或数字制作等领域的复兴中所扮演的角色。此外，该书还描绘了设计文化最近的转变，它变得更加多样和包容，不仅在性别、地理和种族方面，而且通过接纳来自截然不同领域的人们，他们虽未接受设计专业的训练，却渴望与设计产生联系。

其中"技术变革"始终是一个核心议题。除了评估设计在开发那些曾经看似遥不可及、如今却无处不在的技术（如加密货币、区块链和生物识别软件）应用方面的成功与不足之外，《设计作为一种态度》还前瞻性地探讨了神经形态工程、生物信息学、无人驾驶汽车、合成生物学等即将在不久的将来深刻影响我们的技术进步的潜在影响。这些创新如何改变我们对设计的需求和渴望？它们又将如何影响我们在生活各个方面所期望的选择权和控制程度，以及我们表达日益多变、微妙且独特的个人身份的能力？

书中描述的项目并非全部但有相当一部分是由莫霍利-纳吉所描述的那种态度设计师所执行的。莫霍利-纳吉将设计定义为"一种态度"，他认识到设计通过作为一种高效且巧妙的变革推动者，有潜力成为社会中一股更强大的力量，并摆脱商业束缚。一直以来始终有这样的设计师存在：亚历山大·罗德琴科、瓦尔瓦拉·斯捷潘诺娃、埃尔·利西茨基、里尤波夫·波波娃和阿列克谢·甘都在其中，莫霍利-纳吉本人也是如此。同样，美国特立独行的设计师、工程师、建筑师和活动家巴克敏斯特·富勒（R. Buckminster Fuller）也是如此。他早在20世纪20年代就反对工业化造成的环境破坏，并致力于缓解这一问题。富勒还投身于设计第二次世界大战期间及战后的住房短缺问题的实际解决方案，开发了可以快速且安全建造的预制结构。20世纪60年代和70年代，他发起了一场动员"综合设计师"（comprehensive designers）的全球运动，他希望这些设计师能够放弃商业主义，将他们的技能奉献于创造更美好的未来，这听起来与莫霍利-纳吉的态度论者惊人地相似。

设计同样被用作一种雄辩的政治抗议形式。1968年5月的学生起义期间，年轻的法国艺术家和设计师占领了巴黎国立高等美术学院（École des Beaux-Arts），并成立了"人民工作室"（Atelier Populaire），在那里他们制作了数百张海报,称之为"为斗争服务的武器"。另外一项事业受益于"愤怒大军"(Gran Fury)这一集体中匿名成员的足智多谋,该集体设计了横幅、广告牌、T恤和贴纸,以提高全球对艾滋病的认识,并在20世纪80年代末和90年代初挑战了人们对艾滋病的误解。愤怒大军作品的典型代表是一系列海报,上面印有贴切且令人难忘的口号:"接吻不会致命:贪婪和冷漠才会。"

尽管这样的项目鼓舞人心,但态度设计在整个20世纪仍然处于设计界的边缘。然而,在过去的10年里,设计已经发生了根本性的转变,成为《运动中的视觉》中描述的流动、开放的媒介。

除了相关人员的决心和活力之外,推动设计领域发展的关键因素是大量数字工具的涌现,这些工具极大地改变了设计的实践方式和可能性。这些技术大多是相对基础和廉价的,但是,如果富有想象力地加以应用,它们能够在帮助设计师独立工作方面起到重要作用。例如,众筹平台的出现使他们能够筹集资金。(从包括聪明人基金、盖茨基金会和肯尼达基金会在内的越来越多的支持社会和人道主义设计项目的慈善基金会获得资助的可能性,也起到了帮助作用。)设计师还能够在经济上负担得起的计算机上管理大量复杂的数据,并利用开源情报来开展活动家运动和调查。社交媒体使他们能够提高对自己工作的认识,以便发掘合作者、供应商和制造商,并争取资金或产生媒体曝光度。单独来看,这些变化中的每一项都会对设计文化产生积极影响,但综合来看,它们已经证明了设计的变革性。今天的态度设计师还受益于日益增长的认识,这种认识在新冠疫情危机中得到了加强,即传统的方法论在包括社会服务、医疗保健、经济发展和救灾等至关重要的领域已不再适用,这使得这些领域的专家越来越愿意尝试新方法。

不是说所有设计师都会转变为具有态度的设计师,也无须如此。他们中的许多人将继续以传统的方式在专业学科中学习和实践,如汽车设计、时尚设计、平面设计、室内设计、产品设计、软件设计或用户体验设计,并在商业环境中工作。幸运的人会发现,这项工作既有趣又具挑战性,既富有成效又值得投入。他们中的一些人将致力于推动社会和环境进步的商业设计项目,如开发更高效、更清洁的可再生能源系统。然而,越来越多的设计师将抓住独立工作的机会,追求自己对政治、文化和生态的关切。[5]他们还为自己独特的工作方式寻求定义,这往往需要与其他专家合作,如艺术家、程序员、经济学家、政治家、人类学家、社会科学家、心理学家或统计学家。反过来,这些领域的专家也将更愿意与设计领域互动,正如莫霍利-纳吉所设想的那样。

下文将详细阐述态度设计在实际操作中的具体含义,但这里先给出两个例子。第一个例子是迄今为止最为大胆且备受媒体关注的项目之一——"海洋清理"。这是一个荷兰的非营利组织,其宗旨是通过清理海洋中堆积的塑料垃圾来解决全球最严峻的污染问题之一。该项目由19岁的设计工程专业学生博扬·斯拉特(Boyan Slat)于2013年创立,当时他在希腊的一次潜水假期中发现水中的塑料袋数量竟然超过了鱼类数量。海洋清理组织起初通过众筹筹集了当时创纪录的220万美元资金,以启动一项值得赞赏并野心勃勃的计划——从堵塞太平洋的巨大垃圾带中收集并清理塑料垃圾。尽管斯拉特的计划受到了科学家和环保人士的质疑,但他还是成功地从赠款和捐款中筹集了数千万美元,用于该系统的进一步开发和测试,这充分证明了解决塑料污染这一备受关注的生态问题的大胆设计尝试是多么具有吸引力。在太平洋上经历了漫长且充满挑战的试验后,海洋清理组织已完成了实地测试,并继续研发拦截器(Interceptor)。这是一种小型船只,用于从河流中清理塑料垃圾,以防止其流入海洋。

同样雄心勃勃的是"健康故事"(Sehat Kahani)项目,该项目凭借两位医生萨拉·赛义德·库拉姆(Sara Saeed Khurram)和伊法特·扎法尔·阿加(Iffat Zafar Aga)敏锐的设计天赋,对巴基斯坦的医疗保

在卡拉奇一家由"健康故事"远程医疗公司运营的当地诊所中,一名医生在家中与一名患者进行了视频会诊,期间有一名护士陪同。而"健康故事"公司的远程医疗网络遍布巴基斯坦各地,惠及三百多万人。

健质量和可用性产生了重大影响，尤其是对女性而言。巴基斯坦是一个拥有2亿人口的国家，其中只有不到一半的人能够就医。由于女性医生严重短缺，女性面临的情况更为糟糕。女性医生在结婚生子后会受到强烈的社会和家庭压力而被迫停止工作，赛义德·库拉姆也曾在怀孕后被迫离职。因此，巴基斯坦的女性医生严重短缺，而许多女性患者并不希望由男性医生治疗。2017年，赛义德·库拉姆和扎法尔·阿加共同创立了"Sehat Kahani"项目，在乌尔都语中意为"健康故事"。该项目通过实时视频连线，使女性医生能够在家中为巴基斯坦各地诊所中的女性患者进行诊疗。

随后，医生们与诊所中的女性护士和社区卫生工作者联系，安排患者的治疗。他们在实施过程中遇到了许多问题——从农村诊所电力供应不足，到说服心存疑虑的患者相信屏幕上的医生具备治疗他们的资格——但他们成功地找到了解决方案。当新冠疫情暴发时，"健康故事"项目推出了一款应用程序，在巴基斯坦的封锁期间发挥了重要作用，并迅速扩展到为男性和女性患者提供服务。该项目赢得了政府的支持，到2022年，它已在巴基斯坦为超过300万名患者提供了治疗服务。

传统上，设计并未被视为解决医疗保健短缺或塑料污染问题的直接途径。同样，人们也没有期待独立设计师能够筹集数千万美元来开展像"海洋清理"这样规模宏大的生态项目；或者像赛义德·库拉姆和扎法尔·阿加这样的医生能够认识到设计可以为他们的工作带来益处。即便是在现在，更多的人可能仍将设计视为一种造型工具，或是导致大量塑料垃圾污染海洋的原因之一，而不是清理它的手段。如果要实现莫霍利-纳吉"为生活而设计"的愿景，那么就必须打破这些刻板印象。要做到这一点，唯一的办法就是让设计（无论是态度上的还是其他方面的）在其他领域证明自己的价值。否则，政治家、官方机构和非政府组织为何会认为设计能够帮助战争罪受害者争取正义，或者协助开发更有效的全球数字废弃物管理系统？医生又为何会继续在设计方面进行实验？只有当设计证明自己能够通过明智而敏感的应用，展现出如在《运动中的视觉》中所描述的"足智多谋和富有创造力的态度"[6]时，它才能够在我们的生活中发挥更加重要和有力的作用。

---

1 László Moholy-Nagy, *Vision in Motion*, Paul Theobald & Co., Chicago, Illinois 1947, p. 42.

2 Sibyl Moholy-Nagy, *Moholy-Nagy: Experiment in Totality*, Harper & Brothers, New York 1950, p. 213–223.

3 同上，p. 247.

4 László Moholy-Nagy, *Vision in Motion*, p. 42.

5 阿尔·戈尔在2016年温哥华TED大会上的演讲"关于气候变化的乐观理由"中，指出乐观的主要原因之一是清洁、可再生能源产量的意外高增长，以及其成本的下降。戈尔解释说，在他发表演讲时，风力发电量是他2006年发表"难以忽视的真相"演讲时预测风力发电量的20多倍。他还解释说，太阳能发电量几乎是那时的70倍，从而使我们能够减少化石燃料的消耗。Al Gore, "The Case for Optimism on Climate Change," TED Talk, https://www.ted.com/talks/al_gore_the_case_for_optimism_on_climate_change.

6 László Moholy-Nagy, *Vision in Motion*, p. 42.

目录

前言

引言　设计是一种态度

第一章　什么是态度设计？　001
第二章　发现差异：设计与艺术　012
第三章　工艺复兴　022
第四章　地球到底怎么了？　033
第五章　物的式微　042
第六章　回到未来　050
第七章　设计仍然是男人的世界吗？　057
第八章　设计的肤色问题　068
第九章　博览会的乐趣　077
第十章　选择，选择，选择　087
第十一章　失控　098
第十二章　设计与欲望　109
第十三章　当最坏的情况发生时　119

附录　设计师与设计项目　130
参考文献　169
致谢　181
译后记　184

第一章
什么是态度设计?

软件设计师亚瑟·赞格(Arthur Zang)开发了心脏平板(Cardiopad),这是一款便携式心脏监测设备,旨在提升喀麦隆及其他国家的医疗保健质量。

很多时候，设计师的职责是为那些他们未曾参与构思的信息集设计呈现方式。就像这本书，你并未撰写，只能展示由他人创造的内容，而无法对其核心做出改动。那么你并非真正参与合作，因为它已经存在，这是既成的事实。我意识到，我需要摒弃这种仅仅作为信息传达者的观念。

——穆里尔·库珀（Muriel Cooper）[1]

如果说有哪位设计师真正将设计视为一种态度，那么非威廉·桑德伯格（Willem Sandberg）莫属。他自1945年至1962年担任阿姆斯特丹市立博物馆（Stedelijk Museum in Amsterdam）馆长期间不仅通过推崇艺术新运动将设计与摄影纳入馆藏，使该博物馆成为第二次世界大战后最具活力的文化机构之一，他还以非官方、无薪水的身份担任了该博物馆的平面设计师。他常常工作至深夜，甚至在董事会会议期间，也偷偷在桌下涂鸦，设计出了数以百计的展览目录和海报，以及市立博物馆所有的文具和门票。桑德伯格以他图形设计的经济性而自豪。许多海报仅由阿姆斯特丹市印刷厂提供的几种有限字体构成，这些海报最多只使用三种颜色，其中总有一种是红色。然而，他的设计手法精湛，通过巧妙的色彩和字体对比，使得作品既优雅又吸引人，且完全贴合每个展览的主题。

如果桑德伯格的名声仅仅依赖于他为市立博物馆所做的平面设计，那么他将被誉为一位才华横溢的现代主义设计师，但他通过设计实现的目标远不止于此。桑德伯格1897年出生于一个富裕的荷兰家庭，他在欧洲知识界度过了一个令人羡慕的童年。在阿姆斯特丹学习艺术一年后，他与奥地利、法国和德国的先锋派团体一起度过了一段时间，并在瑞士的一家印刷厂工作，在那里他对排版产生了浓厚的兴趣。1928年回到阿姆斯特丹后，他开设了一家平面设计工作室，并开始为市立博物馆工作。事实证明，桑德伯格对展览内容的建议非常中肯，以至于博物馆在1937年聘请他担任策展人。第二年，他组织了"抽象艺术"展，这是初次由大型国际博物馆展开的对该主题进行的研究之一。但在第二次世界大战期间，他的生活发生了翻天覆地的变化。1940年德国入侵荷兰后，他加入了荷兰抵抗组织，在那里他发现了自己设计技能的新用途。

在德国占领的早期，桑德伯格利用他的图形技巧和排版知识，为数百名犹太人、政治异见者和其他受迫害的人伪造了身份证件。这些假文件是在他的一位最亲密的朋友和抵抗运动同事弗兰斯·杜瓦尔（Frans Duwaer）的印刷厂利用周日印制的。桑德伯格伪造的证件如此逼真，以至于他帮助的大多数人都成功逃脱了逮捕。（他后来将此事描述为"对自己所做的排版工作的最大赞誉"。[2]）然而，盖世太保有一种万无一失的方法来验证身份证件的真伪，那就是将它们与阿姆斯特丹公共记录办公室存放的官方文件进行对比。为了阻止这种情况发生，桑德伯格和四个朋友在1943年策划了一个计划，准备放火烧毁公共记录办公室并销毁其内容。然而，他们被盖世太保出卖，被迫躲藏起来。

桑德伯格的同谋者大多被逐一逮捕并处决。他靠着化名亨利·威廉·范登博什（Henri Willem van den Bosch），才得以在荷兰南部和东部过上平静的生活。在食物严重短缺的时期，他勉强维持生计，生活在可能随时被捕的恐惧中。他的许多朋友已经死亡，妻子入狱，儿子被关在集中营，这让他饱受折磨。他曾凭借自己的设计实力在抵抗运动中拯救了无数生命，而后他转而利用自己的设计才能，帮助自己忍受逃亡时孤独而不稳定的生活。从1943年12月到1945年4月，桑德伯格开始设计和制作一系列共19本的小册子，他称之为《实验性排版》

(*Experimenta Typographica*)。

每本小册子大约15厘米宽、20厘米长，包含多达60页的图画、拼贴画、排版练习以及桑德伯格或他最喜欢的一位作家撰写的文字，其中包括小说家司汤达（Stendhal）和政治哲学家皮埃尔-约瑟夫·普鲁东（Pierre-Joseph Proudhon）。桑德伯格利用他能找到的一切材料制作了几份副本：大多是他在街上捡到的纸片、纸板、墙纸样品或从杂志上撕下的页面。每一期都致力于一个他感兴趣并在第二次世界大战前影响过他工作的主题，如建筑、死亡、教育、爱情和排版。制作《实验性排版》第一期时充满了危险。弗兰斯·杜瓦尔同意将它们付印，但后来他被盖世太保逮捕并杀害。最终，这些小册子由一家名为"五磅印刷厂"（Vijpondpers）的印刷厂印刷，这个名字来源于纳粹对出版物纸张禁止超过五磅的命令。通过投身于一个漫长的设计过程，这个过程深深植根于他在第二次世界大战前所珍视的理念和价值观之中，《实验性排版》项目给了桑德伯格勇气，去面对可能随时失去自己的生命和他所珍视的人们的生命的恐惧。

战争结束后，桑德伯格重返阿姆斯特丹，与妻儿团聚，并被任命为市立博物馆的馆长。他在为博物馆后续进行的设计工作中，巧妙融合了在为抵抗组织制作伪造品时展现出的精确性和技术独创性，以及《实验性排版》项目中体现出的欢乐与节俭。他不仅将设计视为一种文化工具，还将其作为一种对抗人权侵犯的防御手段，以及个人情感表达的深刻媒介。他完美诠释了拉兹洛·莫霍利-纳吉所倡导的"态度设计"理念。

然而，设计这种实践方式已经存在了几个世纪，远早于人们创造出描述它的词汇，或莫霍利-纳吉试图对其进行重新定义的时代。每当人类需要适应生活中的变化——无论是通过创造新的物品或结构，还是发展出调节自身或他人行为的方式——他们都在进行设计，但这种设计往往是出于直觉，甚至是在无意识中完成的。史前男人和女人通过磨尖棍子和石头使它们成为更有用的农具，或将黏土塑造成容器来盛放食物或饮料，从而充当了设计师的角色。古埃及人同样如此，无论是投身于宏大的事业，如建造巨大的金字塔作为复杂死亡仪式的一部分，还是投身于细致入微的项目，如设计和制作精美的木制和皮革假脚趾，都展现出了他们的设计能力。1997年，考古学家在卢克索（Luxor）附近挖掘一座墓室时发现了一只古老的假肢，据说它是为三千多年前的一位富有的女性量身定制的。[3]

许多后续的设计壮举同样源于直觉。白旗作为投降的象征，虽然在1899年和1907年的《海牙公约》中才得到了正式确认，但早在公元1世纪的东汉时期，它就已经被用于这一目的了。自从被确认为美索不达米亚司爱情、生育和战争的女神伊斯塔尔的标志以来，"高举的拳头"就一直作为面对逆境时力量和团结的象征沿用至今。这一相同的符号被一系列政治活动家所采纳，从20世纪初的工人权利运动者到20世纪六七十年代的黑人力量运动和妇女运动，再到最近的"黑人的命也是命"（Black Lives Matter）运动。

"即兴设计"也推动了经济发展。以威尼斯这座城市为例，其居民一直努力挑战物理定律和自然规律：先是在公元5世纪在威尼斯潟湖的小泥岛上建造了一座城市；然后又抵御了侵蚀、潮湿、污染和洪水等威胁。为此，他们设计了创新的建筑并掌握了修复方法。起初是将从斯洛文尼亚运来的树干深深打入泥中，将城市举高至水面之上。到17世纪末，威尼斯已成为欧洲最富有、最精致的城市，其帝国版图西至米兰附近，横跨海洋直至塞浦路斯，这在很大程度上要归功于阿森纳莱船厂（威尼斯军械库）的设计实力。阿森纳莱船厂被誉为当时最高效的制造综合体，占地一百多英亩（1英亩约0.4公顷），约占城市面积的1/8。它的成功归功于几代威尼斯海军工程师在不降低成品船质量的前提下，提高了生产效率。船厂的特定区域被指定专门制造船舱、索具和船舶的其他部件；每个部件的设计都根据速度和精度的考虑而标准化了。部分建造的船只沿着船厂内的运河从一个区域漂到另一个区域。到16世纪初，这一体系已经非常强大，阿森纳莱船厂能够同时容纳多达100艘船，且能在几小时内建造一艘基本船只，并在当天结束时为其配备最先进的武器，为威尼斯帝国的防御和扩张提供了强大的舰队。

设计也没有失去其史前时期"需要是发明之母"的角色，即作为在困境中足智多谋者的有用工具。19世纪的医疗保健改革者弗洛伦斯·南丁格尔（Florence Nightingale）在克里米亚战争期间自愿前往土耳其的英国陆军野战医院工作时，她震惊地发现，死于肮脏病房内感染的病人比死于战伤的还要多。南丁格尔汲取了曼彻斯特医生兼社会改革家约翰·罗伯顿（John Roberton）的研究成果，即在设计模范医院和疗养院时，将清洁与安全放在首位。南丁格尔将这些设计原则应用于军事医疗领域，并积极游说政府提供资金以实施这些原则。她巧妙地运用绘制饼图等信息设计手段，清晰而有力地阐述自己的观点，从而成为信息设计领域的早期倡导者。战后回到英国，南丁格尔又采取了相似的设计策略，发起了一场新的运动，旨在建设规模更大、卫生条件更好、设备更完善的民用医院。

到那时为止，设计流程已经在一个多世纪里被有意识地、系统地应用于制造大量质量一致的产品。随着培训项目、专业学校、明确界定的类别和方法论的引入，设计实践也实现了正规化和专业化。尽管莫霍利-纳吉、巴克敏斯特·富勒、人民工作室、"愤怒大军"、桑德伯格以及其他态度设计师们做出了种种努力，但设计师仍主要被视为一种工业化的职业。得益于新的数字工具，如今的设计师得以解放并有能力在莫霍利-纳吉所倡导的态度精神下自主工作。那么，他们是如何利用这份新获得的自由的呢？

在《运动中的视觉》一书中，莫霍利-纳吉确定了"态度设计"的决定性特征。其中一个特征是将设计视为一种"足智多谋和富有创造力的态度",而非一个正式的过程。另一个特征是坚信设计应用于同时代的主要问题,即《经济学人》杂志所称的"大问题",包括令人畏惧的社会、政治、环境和经济挑战。莫霍利-纳吉还认为,态度设计师应足够大胆,以面对他们希望解决的问题,同时保持足够开放的心态,借鉴其他领域专家的知识,并赋予他们沉浸于设计之中的能力。

博扬·斯拉特、萨拉·赛义德·库拉姆和伊法特·扎法尔·阿加都完全符合这一要求,还有许多其他态度设计师也在积极应对同样紧迫的挑战。以"无畏新阿尔卑斯"(Brave New Alps)设计团队为例,它由比安卡·埃尔森鲍默(Bianca Elzenbaumer)和法比奥·弗朗兹(Fabio Franz)在意大利蒂罗尔共同创立。该团队策划并执行了一系列社会设计项目,旨在解决意大利各地方社区所面临的政治和经济紧张局势。他们通常与来自其他领域的设计师和合作者携手合作。其中一个名为"好客学院"[Hospital(ity)School]的项目,特别关注生活在罗萨诺(Rosarno)的移民采摘工群体,为他们提供医疗、法律和培训资源。罗萨诺是意大利南部一个有着种族冲突历史的小镇,当地一位神父曾将这些移民采摘工的生活条件形容为"非人且绝望的"。另一个项目"那片森林"(La Foresta)是一所社区学院,于2021年在阿尔卑斯山小镇罗韦雷托的一个火车站的空闲建筑内开设。该学院作为帮助当地人启动社区企业的中心,包括由有机农场经营的森林幼儿园,以及"流动面包烤箱"(Forno Vagabondo)。这个烤箱安装在货运自行车上,在附近的村庄巡回举办面包制作工作坊,并就食品政治问题进行深入讨论。

另一个态度项目则采用截然不同的方法应对极端情况。法证建筑(Forensic Architecture)是一家由在以色列出生的建筑师艾亚尔·魏茨曼(Eyal Weizman)在伦敦大学金匠学院(Goldsmiths, University of London)创立的设计研究机构,该机构致力于为气候和战争罪行的受害者以及其他人权受到侵犯的受害者伸张正义。通过与程序员、记者、律师、考古学家和科学家合作，该机构分析不同来源的数据，包括建筑计划和开源情报，如通过目击者智能手机上的视频片段，揭露诸如2020年8月贝鲁特港口爆炸事件以及同年早些时候叙利亚年轻移民穆罕默德·阿拉布（Muhammad al-Arab）在从土耳其前往希腊的途中被杀等灾难的真相。法证建筑通过设计数字模型和动画来重建这些事件，并将它们用作官方调查、政策审查和法律案件中的证据。[4]

如果没有数字工具，无论是"法政建筑"还是"无畏新阿尔卑斯"都不可能执行如此勇敢、雄心勃勃、深刻且极具个人特色的设计计划，数字工具推动了态度设计活动的激增。这同样适用于新一代在非洲国家工作的设计师。在那里，使用蜂窝网络的人比使用清洁自来水的人还要多。在被视为正统的20世纪设计史叙述中，非洲很少被提及，然而，布基纳法索、加纳、肯尼亚、马里、尼日利亚和其他非洲国家的设计文化也正在被技术所改变，这些技术正在向那些因缺乏培训或投资（往往两者兼有）而被排除在外的人们开放。

非洲设计师已经走在物联网技术的最前沿，这种技术使相互连接的网络之间能够交换信息。他们中的一些人正在设计医疗产品，旨在改善生活在偏远农村地区的人们的医疗保健状况，这些地区距离设备完善、拥有专业人员的医院有数百英里之遥。喀麦隆的软件设计师亚瑟·赞格对平板电脑进行了改造，创造了一个可移动的心脏监测器——"心脏平板"，当地的护士和护理人员可以用它来检查患者的心脏，并将数据在线发送到远处的医院进行分析。诊断结果会附带治疗建议返回，从而避免了患者进行艰难、昂贵且可能毫无意义的旅行。"视觉探索"（Peek Vision）是一个由在博茨瓦纳、加纳和肯尼亚工作的医生和设计师组成的网络，它应用了类似的原则，通过开发基于智能手机的筛查工具来识别学校和当地社区体检中的眼部问题。这些设备使患者能够更快、更容易地获得诊断和治疗，有望帮助数百万喀麦隆和博茨瓦纳以及其他国家的人民。

设计新发现的可行性正在拥抱来自不同学科的人们，比如帮助开发"视觉探索"工具的博茨瓦纳医生和他们来自"健康故事"远程医疗公司的巴基斯坦同行。另一位"皈依者"是英国社会活动家希拉里·科特姆（Hilary Cottam），她将设计作为她在21世纪重塑福利国家的工具。传统上，设计师在解决失业、无家可归和迅速增长的老年人口所面临的困难等社会问题方面的作用仅限于制作网站或宣传册，来解释社会科学家、政治家和经济学家已经决定要做什么，但科特姆已经将设计师嵌入到决策过程中。她组建了一支由设计师领导的跨学科团队，他们运用设计流程来分析复杂的社会挑战，并设计出替代性的解决方案。其中一个项目取代了伦敦一个地方议会为老年居民提供的相对昂贵且浪费的标准化护理套餐，转而采用了一个名为"互助圈"（Circles）的定制系统。在该系统中，居住在该区每个地区的老年人都会贡献自己的知识和技能来帮助同龄人，而不是被动地接受他人的支持。这一设计模式已被英国各地的类似项目所复制。科特姆的工作影响了世界各地的其他社会设计团体，并在2020年发表了一份关于未来社会系统设计的手册《福利5.0》。[5]

态度设计有着无数其他应用，后续章节将详述：从将设计过程视为研究和知识探索手段的概念设计师，如意大利团队幻形（Formafantasma）工作室对设计在木材全球贸易中作用的调查，到其对生态设计冒险者意义的调查。企业设计团队中也存在着态度精神的痕迹。耐克在全球雇用的1000多名设计师可以在俄勒冈州比佛顿全球总部中心的实验空间"蓝丝带工作室"中自由发挥，在那里他们可以找到木工和金工工具、3D打印机、染色槽、石洗工具、插花课堂，以及数千本关于艺术、建筑和设计的书籍。福斯设计（Fuseproject）、IDEO和其他商业设计咨询公司鼓励员工通过从事非营利项目来作为其营利项目的补充。但这并不意味着他们的动机——或耐克的动机完全是出于自私自利。这些实验往往会激发出商业项目中有趣且意想不到的想法，不仅激励了抢手的设计专业毕业生加入这些公司，还可能阻止他们跳槽到竞争对手公司。福斯设计事务所还通过将态度热情应用于设计的商业方面，与初创企业合作，打造所谓的"设计风险投资"，通过降低设计费用来换取在最终产品中的股权或版税。

难以避免的是，并非所有态度设计的尝试都取得了成功。像"无畏新阿尔卑斯"和"法证建筑"所执行的人道主义设计项目，可能像其他经济发展领域一样充满挑战和争议。可持续设计也证明同样具有挑战性，正如"海洋清理"项目所发现的那样[6]；即使是包括科特姆实验在内的一些最成功的社会设计实践，也面临着突如其来的政策变化或资金短缺等风险。然而，这些失败和挫折并没有阻止设计师们继续探索和创新，他们始终保持着对设计的热情和追求，以期为社会带来更加积极和深远的影响。

---

1 Janet Abrams, "Muriel Cooper," https://www.aiga.org/medalist-murielcooper.
2 Ank Leeuw Marcar (ed.), *Willem Sandberg–Portrait of an Artist*, Valiz, Amsterdam 2014, p. 165.
3 Jason Daley, "This 3,000-Year-Old Wooden Toe Shows Early Artistry of Prosthetics," *Smithsonian.com*, June 21, 2017, https://www.smithsonianmag.com/smart-news/study-reveals-secrets-ancient-cairo-toe-180963783.
4 Matthew Fuller and Eyal Weizman, *Investigative Aesthetics: Conflicts and Commons in the Politics of Truth*, Verso, London 2021.
5 Hilary Cottam, *Welfare 5.0: Why we need a social revolution and how to make it happen?*, UCL Institute for Innovation and Public Purpose, Policy Report, 2020, www.ucl.ac.uk/bartlett/public-purpose/publications/2020/sep/welfare-50-why-we-need-social-revolution-and-how-make-it-happen.
6 Lindsey Kratochwill, "Too Good to Be True? The Ocean Cleanup Project Faces Feasibility Questions," *The Guardian*, March 26, 2016. https://www.theguardian.com/environment/2016/mar/26/ocean-cleanup-project-environment-pollution-boyan-slat.

来自作品《变化》(*Cambio*)的视频静帧,该项目由意大利设计团队幻形工作室开展,旨在研究设计在全球木材贸易中的作用。《变化》由伦敦蛇形画廊委托,并于 2021 年在该画廊展出。

第二章
发现差异：设计与艺术

在他的整个职业生涯中，德国艺术家沃尔夫冈·提尔曼斯（Wolfgang Tillmans）的作品描绘了设计与日常生活的关系，比如《车头灯》[*Headlight (f)*，2012]，它质疑了我们与技术统治、大规模制造产品的关系。

如果无须解释人们就能理解，那么就不必解释。如果人们不理解，那么解释也是徒劳的。

——让·普鲁维（Jean Prouvé）

每个领域都有一些贬损性的词汇，而在设计领域，"雕塑感"（sculptural）和"艺术性"（artistic）便是其中两个最不受待见的词汇。我并不是说具备这两种特质的设计项目就一定不好，但那些被冠以这些名头的项目往往并非如此。相反，它们更可能呈现出以下一种或多种特质：平淡无奇、愚蠢可笑、浮夸炫耀、矫揉造作、缺乏创新、荒谬不堪，或是价格高昂得毫无道理。只需在"设计艺术"展览会上逛逛那些可疑的展位，你就能明白我的意思。

然而，"雕塑感"和"艺术性"的贬损性并不仅仅在于它们的不准确和无意中带有的贬义。更糟糕的是，这些形容词还强化了这样一种观念，即设计因为被与艺术相提并论而得到了某种程度上的提升，这实际上是一种误导。确实，使用艺术语言能够帮助"设计艺术"经销商说服那些易受影响的收藏家为他们的商品支付更高的费用，但那又是另一回事了。设计并不比艺术低劣，只是两者有所不同。然而，在艺术家和艺术机构越来越深入地涉足设计领域，以及设计师对设计文化和激进项目的批判与艺术家的批判日益难以区分的今天，这两个学科究竟有何本质区别呢？

从历史上看，设计和艺术之间并无明显区别。设计和艺术都被纳入古希腊人所说的"技艺"（technê）范畴，与手工艺、医学和音乐并列。直到文艺复兴时期，两者之间的区别才逐渐显现，艺术家的社会地位和文化地位才高于设计师和工匠。1563年，佛罗伦萨创办了第一所艺术学校——设计艺术学院（Accademia e Compagnia delle Arti del Disegno），艺术和设计开始分别进行研究。其他学校纷纷效仿，或专注于艺术教学，有时也涉及建筑，而忽略设计。

在工业革命期间，这两门学科之间的差距进一步拉大，设计实践被正式确立为一种使制造商能够生产大量几乎相同产品的手段。在工业时代的早期，像乔赛亚·韦奇伍德（Josiah Wedgwood）和迈尔斯·梅森（Miles Mason）的陶器厂这样的工厂被视作非常令人兴奋的地方，以至于伦敦的知识分子和社交名流都前往英格兰北部和中部地区进行制造业考察。[1]精明的实业家充分利用了这些工厂的吸引力，通过说服著名艺术家为他们工作来获利，正如韦奇伍德聘请乔治·斯塔布斯（George Stubbs）和约翰·弗莱克斯曼（John Flaxman）为他的陶器创作装饰图案那样。值得注意的是，这两位艺术家经常被描述为"为韦奇伍德设计"，但他们真正所做的只是装饰他的陶器。而关于技术规格，以及材料、釉料和烧制技术的选择等最重要的设计决策，则是由韦奇伍德本人和他的工艺师做出的，这些工艺师大多是出身卑微的当地男孩，十几岁时就作为学徒与他一起工作。[2]

19世纪初，人们对工业的迷恋逐渐消退，取而代之的是有关"黑暗撒旦磨坊"的妖魔化言论。制造业以及与之相关的一切都被嘲笑为肮脏、有毒、劣质和具有破坏性。曾经争相为韦奇伍德和他的同行工作的艺术家们被"设计师绘图员"（designer-draftsmen）所取代，他们大多收入微薄，无权无势，只能从书本上复制历史符号。为了提高制造业的设计标准而建立的博物馆，包括1852年成立的伦敦维多利亚与艾尔伯特博物馆（Victoria and Albert Museum）和1864年成立的维也纳应用艺术博物馆（Museum of Applied Arts），它们往往偏爱装饰艺术。日益流行的工艺美术运动将人们对工业日益增长的厌恶情绪推向了高潮，该运动倡导复兴农村手工艺。就连像克里斯托弗·德雷瑟（Christopher Dresser）这样有天赋的工业设计师所做的努力也收效甚微,他通过对不同材料、生产技术、历史风格,以及实施他的设计的车间和工人的优缺点进行了详尽的研究,开发出了有思想、有层次的产品,但这并没有改变当时流行的设计作为顺从商业发展的工具的陈词滥调。

在20世纪10年代,构成主义者通过倡导对设计潜力有更加开明的理解,挑战了这一陈词滥调,他们认为设计能够创造一个更公平、更高效的社会:这一运动首先在东欧兴起,然后随着拉兹洛·莫霍利-纳吉、埃尔·利西茨基和其他运动成员在其他国家定居,这一运动进一步传播开来。到了20世纪30年代,像汉诺威州立博物馆(Landesmuseum Hannover)的亚历山大·多纳(Alexander Dorner)这样的进步艺术策展人开始尝试设计。建筑师出身的策展人菲利普·约翰逊(Philip Johnson)在纽约现代艺术博物馆(The Museum of Modern Art)也做了同样的事情,他在1934年的"机械艺术"(Machine Art)展览中展示了活塞、弹簧、滚珠轴承、螺旋桨等体现工业美学的例子。评论家们猛烈抨击了这次展览,但约翰逊还是收购了100件展品,作为日后成为现代艺术博物馆著名设计藏品系列的开端。

越来越多的现代艺术博物馆在第二次世界大战后接受了设计,先行者包括巴黎蓬皮杜艺术中心,以及威廉·桑德伯格担任馆长期间的阿姆斯特丹市立博物馆。但这些机构中的一些策展人比如约翰逊还是更加倾向于关注工业设计中的视觉维度。并不是说他们这样做是不合理的,尤其是当这些物品像20世纪50年代末和60年代埃托·索特萨斯(Ettore Sottsass)为奥利维蒂(Olivetti)设计的、迪特·拉姆斯(Dieter Rams)为博朗(Braun)设计的精美电子产品一样令人着迷,只是他们的设计中更重要的元素,比如设计对文化和环境的影响,以及其与技术变革的关系,往往被忽视了。

即使是那些旨在探究设计对当代文化影响的最为激进的尝试,也主要聚焦于设计在消费主义中的角色。比如"这就是明天"(This Is

Tomorrow），这是一场由艺术家、建筑师和设计师组成的独立团体策划的多学科展览，于1956年在伦敦白教堂美术馆开幕，当时科幻电影《禁忌星球》(*Forbidden Planet*）中的机器人罗比（Robby the Robot）也现身现场。参展艺术家之一的理查德·汉密尔顿（Richard Hamilton）在他的整个职业生涯中，对汽车、厨房用具的设计，以及时尚形象的构建进行了深入的剖析。他利用假牙、电动牙刷等大众市场常见的物品创作雕塑，并在绘画中融入了机器人、烤面包机、漫画书、公司标志、好莱坞明星等商业符号的图像。尽管汉密尔顿对设计的兴趣既深刻又复杂，但他的关注焦点主要集中在设计的风格特征和流行文化的影响上。[3] 同样以深思熟虑的方式对待设计的艺术家，如美国的埃德·鲁沙（Ed Ruscha）和德国的伊莎·根茨肯（Isa Genzken），他们的作品也体现了这一点。鲁沙在他的绘画和摄影作品中记录了商业图形和地域性建筑，而根茨肯则深入探索了时尚、科技和废弃物在消费文化中的角色。20世纪后期的大量设计批评话语，如英国评论家雷纳·班纳姆（Reyner Banham）[4] 的论文，以及法国哲学家罗兰·巴特（Roland Barthes）[5] 和让·鲍德里亚（Jean Baudrillard）[6] 的著作，都进一步强化了这些关于设计的刻板印象。

人们普遍将设计误解为一种造型工具，仅用于商业目的，而不顾其环境或伦理后果，同时强调设计过程的妥协性。艺术家被广泛认为可以在作品中自由表达自我，这些作品往往（但并非总是）是他们自己的创作；而设计师则被认为受到无数阻碍，即从客户和制造商的需求，到开发足够坚固以承受日常使用的产品的实际限制。

将设计仅仅视为在视觉上令人愉悦时才值得进行文化上的考量，这种观点实际上是对设计的贬低，它错误地将设计与艺术追求"美学上的完美"的过时观念相联系。而当时进步的艺术家们则致力于探索生活中更为复杂、深刻和令人不安的层面，这与追求大规模生产的美丽产品显得格格不入。因此，当威尔士文化理论家雷蒙德·威廉斯

（Raymond Williams）在1976年的著作《关键词》（Keywords）中总结讨论英国文化和社会时最常用的词汇时，"设计"并未被包括在内，而且在1983年的修订版中也未见提及，这就不足为奇了。[7]

设计不再那么容易被忽视，主要是因为态度设计的兴起以及设计实践中的相应变化，这些变化使各个领域的设计师能够定义自己的目标，并对自己的工作进行更大程度上的掌控。正如我们所见，设计变得更加具有表现力和争议性，并且更加愿意解决复杂的社会、政治和生态挑战。即使是在其传统应用层面，如对科学和技术取得突破的解读，也重新变得紧迫了。

设计变得如此引人入胜，以至于越来越多的艺术机构开始加大对设计的投入：从维也纳美术馆（Kunsthalle Vienna）、伦敦的蛇形画廊、巴黎的东京宫（Palais de Tokyo）、埃因霍温的范阿贝博物馆（Van Abbemuseum），到墨尔本的维多利亚国家美术馆（National Gallery of Victoria, NGV），再到纽约的艺术家空间（Artists Space）和新美术馆（New Museum）。设计领域最重要的新兴流派之一是沉浸式研究，它深入设计实践中存在争议的领域，试图揭示其社会经济和环境影响，并找出更安全、更可持续的工作方式。值得注意的是，在这个领域最具影响力的两个研究项目分别由艺术机构维多利亚国家美术馆和蛇形画廊委托。这两个项目由幻形工作室的西蒙·法雷辛（Simone Farresin）和安德烈亚·特里马尔基（Andrea Trimarchi）共同执行，一项针对难以捉摸且大多通过非法途径进行的全球数字废弃物贸易展开研究，另一项则聚焦于具有破坏性和剥削性的木材行业。[8]

艺术家们也越来越热衷于探讨设计与其对社会的影响。埃德·阿特金斯（Ed Atkins）、郑曦然（Ian Cheng）、卡米尔·亨罗特（Camille Henrot）、马克·莱基（Mark Leckey）、海伦·马滕（Helen Marten）、尤里·帕蒂森（Yuri Pattison）、马加利·雷乌斯（Magali Reus）、詹姆斯·理查兹（James Richards）和安妮·德弗里斯（Anne de Vries）

都在探索数字技术如何影响我们与世界的关系。德国艺术家沃尔夫冈·提尔曼斯作品的一个重要方面，就是通过他拍摄的门钥匙、数字界面和汽车前照灯的照片，分析和记录我们日常所遇到的人造物品、空间和结构的演变。美国艺术家和地理学家特雷弗·帕格伦（Trevor Paglen）研究了各种监视技术的影响，从生物识别系统到隐形无人机和数据收集卫星。随着气候问题的加剧，为人类和其他物种开发更可持续的生活方式已成为众多艺术家的核心关注点，其中包括阿巴斯·阿赫万（Abbas Akhavan）、乌尔苏拉·比曼（Ursula Biemann）、烹饪部门（Cooking Sections）、于吉（Yu Ji）、安妮卡·伊（Anicka Yi）和安德烈亚·齐特尔（Andrea Zittel）等。

你是否期望一位艺术家或设计师能够深入探讨殖民主义和种族主义对手工艺传统的影响？非裔美国艺术家和活动家西斯特·盖茨（Theaster Gates）就做到了这一点。他在陶艺工作室进行了深入研究，并探讨了种族因素在戴夫·德雷克（Dave Drake）和虚构的陶艺家山口庄司（Shoji Yamaguchi）的陶瓷作品中所扮演的角色。此外，他还参与了一个雄心勃勃的伦敦项目，该项目始于对维多利亚与阿尔伯特博物馆陶瓷收藏的研究，随后在2021年于伦敦白教堂美术馆举办了"陶土布道"（*A Clay Sermon*）展览。他还作为设计师设计了2022年的蛇形画廊夏季馆（Serpentine Pavilion）。[9] 同样，幻形工作室也在他们的"塑造传统"（*Moulding Tradition*）陶瓷项目中，深入探讨了穆斯林在9世纪和10世纪征服西西里岛所留下的遗产。

在当今这个行动主义盛行的时代，设计师和艺术家的作品日益被政治化，这使得区分他们变得更加复杂。尤其是当众多原本属于设计领域的项目被当代艺术机构、双年展和驻地项目接纳或发起时，情况更是如此。以法证建筑为例，他们的研究成果在艺术界得到了广泛的展示，包括卡塞尔的第14届文献展（Documenta 14）、巴黎的东京宫、纽约的惠特尼双年展（Whitney Biennial）以及曼彻斯特的惠特沃斯美术馆（Whitworth Art Gallery）等。2018年，法证建筑被提名为英国最著名的当代艺术奖——泰特美术馆特纳奖（Tate's Turner Prize）的候选者，而次年，其合作者之一的劳伦斯·阿布·哈姆丹（Lawrence Abu Hamdan）也因在贝鲁特的工作室设计了一种将声音作为调查证据的分析方法而获得了该奖项的提名。

他们的工作被定义为设计还是艺术，真的有那么重要吗？其实并不重要，至少从成果的核心价值来看——即成果所展现的价值，以及创造这些成果时所需的无畏精神、深刻见解和原创性。然而，设计与艺术这两个领域之间确实存在着显著的差异。首先，设计项目通常都追求一个明确的功能性成果。比如，幻形工作室在"塑造传统"项目中制作的那些实用的陶器；又比如，法证建筑通过深入调查所追求的（我们期望的）正义。当然，盖茨在他的工作室里制作的一些陶瓷作品同样具有实用性，但他的项目并非全部都以实际应用为目标。作为艺术家，他拥有自由选择的权利，这与设计师有所不同，因为功能性对于设计师来说是必不可少的。但这并不意味着设计师的作品就非得在实用意义上具备功能性。事实上，设计的定义正在不断演变，变得更加灵活和广泛，这也是为什么它能够囊括幻形工作室和法证建筑所执行的沉浸式研究项目。

设计项目的另一个基本特质是，它必须在某种程度上与设计文化相关联：无论是通过设计过程的应用，还是在最终作品中引用设计元素；无论是历史性的还是当代的。法证建筑在其调查中通过使用空间分析软件以及其他设计和建筑工具来实现这一点。在"塑造传统"项目中，设计和制作陶器的过程对于幻形工作室的思维发展至关重要，同时，他们对数字废弃物和木材贸易的研究也涉及了为设计实践相关领域的实际改进提出方案。同样地，当意大利设计师马蒂诺·甘珀尔（Martino Gamper）和伊朗裔德国艺术家奈丽·巴格拉米安（Nairy Baghramian）探索20世纪中叶意大利建筑师兼设计师卡洛·莫利诺

（Carlo Mollino）的作品时，他们采用了截然不同的方法。甘珀尔从作品《与卡洛·莫利诺共度的马蒂诺》(Mollino's in Martino with Carlo Mollino) 废弃的组件中重新构建新的家具作品来分析其主题，只有通过这种方式，他才能仔细研究这些设计的细节和制作工艺。而巴格拉米安则选择在她的作品《茶室》(Tea Room) 中，通过以抽象雕塑的形式重新诠释莫利诺于1935年创作的超现实主义装置艺术《茶品2号》(Tea No. 2) 来进行她的研究。[10]

即便如此，区分这两个学科仍然很重要。一些从业者出于战略原因与某一特定学科结盟，比如盖茨，他将自己定位为艺术家的决定使他能够通过商业画廊出售作品，从而筹集资金来支持他在芝加哥的社区住房项目。但也有一些普遍的观点支持保持这种区别。

探讨设计对社会的影响是一项有价值的活动，就像任何普遍存在的力量一样，它影响着我们生活的方方面面，尤其是像设计这样容易引发混乱、误解和陈词滥调的力量。设计师和艺术家都有各自独特的视角来参与这一过程，而这两种方法也各有其用。

此外，如果你认为设计不仅仅是一种造型工具，而且还有可能通过帮助遏制气候和难民危机，或者开发更可持续的粮食生产方式，来为社会做出有益的贡献，那么我们就需要尽可能高水平的设计师。设计实践看起来越是多样化、越有活力、越具有挑战性，就越有可能吸引这些人才。因此，用暗示设计可能从属于艺术的语言来描述设计不仅是错误的，而且是自毁前程的。

1 Jenny Uglow, *The Lunar Men: The Friends who Made the Future 1730–1810*, Faber and Faber, London 2002, p. 49–52.
2 Alison Kelly (ed.), *The Story of Wedgwood* (1962), Faber & Faber, London 1975, p. 34.
3 Alice Rawsthorn, "Richard Hamilton and Design," in Mark Godfrey (ed.), *Richard Hamilton*, Tate Publishing, London 2014, p. 125–134.
4 Penny Sparke (ed.), *Reyner Banham, Design by Choice*, Academy Editions, London 1981.
5 Roland Barthes, *Mythologies* (1957), trans. Annette Lavers, Paladin, Frogmore, St. Albans 1973.
6 Jean Baudrillard, *The System of Objects* (1968), trans. James Benedict, Verso, London 2005.
7 Raymond Williams, *Keywords: A Vocabulary of Culture and Society* (1976), Fontana (Flamingo edition), London 1983.
8 Formafantasma's *Ore Streams* project was exhibited at the NGV Triennial, Melbourne, from December 15, 2017, to April 15, 2018. *Cambio* was presented at the Serpentine, London, from September 29 to November 4, 2020.
9 Theaster Gates' *A Clay Sermon* was presented at the Whitechapel Gallery, London, from September 29, 2021, to January 9, 2022. The 2022 Serpentine Pavilion opened at the gallery in Kensington Gardens in summer 2022.
10 Chris Dercon, Wilfried Kuehn, Armin Linke (eds.), *Carlo Mollino: Maniera Moderna*, Verlag Walther König, Cologne 2011, p. 289-291.

第三章
工艺复兴

对工艺和制造的兴趣的复兴,促使制造商空间开放,为设计师、艺术家、制造商和爱好者参加设计和制造技术课程,以及使用工具、机械和其他资源提供了场所。位于伦敦东北部的沃尔瑟姆斯托的黑骏马工作室(Blackhorse Workshop)是近年来开放的众多制造商空间之一。

> 多样性和包容性是我们唯一的希望。我们不可能用干净优雅的东西掩盖一切。肮脏的建筑、模糊的理论和肮脏的设计也必然会存在。
> ——希拉·莱万特·德布雷特维尔（Sheila Levrant de Bretteville）[1]

人们在那次盛会上喝下了超过一百万杯软饮料，并品尝了几乎同样数量的奶油小面包，但吸引在1851年夏天涌入伦敦海德公园水晶宫参观万国工业博览会的六百万人的，是那些令人瞩目的展品，如世界上最大的钻石、戈布兰挂毯、棉纺工艺展示，以及首次亮相的公共厕所。小说家夏洛蒂·勃朗特（Charlotte Brontë）深受震撼，在给父亲的信中形容这次博览会"就像一场盛大的名利场……极其华丽、生动，令人目不暇接"。[2]

一位年轻的伦敦人对此持有更为冷淡的态度。当威廉·莫里斯（William Morris）和他的兄弟姐妹们被母亲带去参观万国工业博览会时，其他家庭成员都兴高采烈地进去了，但他却拒绝加入他们。这位对中世纪充满热爱的少年，同时也是未来工艺美术运动的领军人物，坚信自己会讨厌水晶宫及其展品，所以他坚持留在外面，闷闷不乐地坐在椅子上，等待家人离开。[3]

莫里斯后来找到了更富有说服力的方式来表达他对工业化所谓无灵魂和粗制滥造的蔑视，特别是他在19世纪50年代中期设计的那些粗犷的"抗议家具"，这些家具以中世纪风格为特点，是他与艺术家爱德华-伯恩-琼斯（Edward Burne-Jones）共用的房间中的一部分。然而，他在万国工业博览会消费狂欢的门外所表现出的少年式的倔强，却预示了未来几十年设计与工艺之间关系的紧张。莫里斯并不是工艺界中唯一认为设计因其与商业化和机械化的相互依赖而受到致命破坏的人。

相反，也有不少设计师同样坚定地认为，他们那些"拉菲草守旧派"（raffia mafia）⊖般的批评者显得既天真又过时。

而近年来，至少在设计师这一方，敌对情绪已经停止，因为他们开始以不同的眼光看待工艺：比他们之前认为的更加微妙、动态和多样。一些设计师已经战略性地利用了手工艺的象征意义，比如荷兰产品设计师海拉·容格里斯（Hella Jongerius），她通过赋予大批量生产的物品以与传统手工艺相关联的独特外观或错觉来实现这一点。其他人，如容格里斯的同胞克里斯蒂安·梅因德斯马（Christien Meindertsma）和幻形工作室，则探索了工艺过程的表达特质，以及它在解决社会、政治和生态问题中的作用。这种日益增长的兴趣是否代表了设计界对工艺及其文化价值的理解的重大变化？工艺界内部是否也伴随着同样激进的转变？

设计和工艺之间的斗争对两者的伤害有多大怎么说都不为过。直到18世纪末的工业革命之前，大多数物品都是手工制作的，通常由当地的铁匠或木匠完成。他们的技艺广受赞誉，在工业化初期，制造业也获得了类似的尊重。塞莉娜·福克斯（Celina Fox）的著作《启蒙时代的工业艺术》（*The Arts of Industry in the Age of Enlightenment*）描述了制造商们如何在拥挤的公共展览会上争夺最令人印象深刻的机械装置奖项的情景。⁴然而，到了19世纪，工业因其与劳动剥削、粗制滥造的产品、城市破败以及乡村的掠夺性开发的联系而蒙上了阴影。莫里斯、约翰·罗斯金（John Ruskin）以及工艺美术运动的其他成员在他们的著作和演讲中加剧了这些刻板印象，他们主张回归所谓更温和、更纯粹的工艺价值观。但这两个陈词滥调都不完全准确。一些手工艺品并不比更粗俗的工厂产品好多少，而最优秀的工业制品则达到了工艺的最高标准。

⊖ 拉菲草是一种从酒椰树的叶子中提取的天然纤维，通常被用于编制篮子、垫子、帽子、手袋等手工艺品。此处指代一群对手工艺和传统材料有认同感的人。——译者注

尽管如此，工艺美术运动的倡导者极具说服力，其信条一直延续到20世纪初，特别是在英国、日本、斯堪的纳维亚和美国这些地方的影响尤为深远。与此同时，在东欧，构成主义正逐渐兴起，它拥有截然不同的设计与技术愿景。直到1923年拉兹洛·莫霍利-纳吉加入包豪斯之前，该学院一直遵循着一项宣言，开篇即言："建筑师、雕塑家、画家，我们都应回归手工艺！"莫霍利-纳吉很快便让他的同事们接受了构成主义的理念，而包豪斯的院长沃尔特·格罗皮乌斯（Walter Gropius）则提出了一个新的口号："艺术与技术：新的统一。"包豪斯的这一变革标志着工艺与设计文化命运的转折点，它开启了一个新的过程，这个过程牢固地将权力的天平倾斜向了设计一方。

到了20世纪50年代中期，罗兰·巴特（Roland Barthes）在《神话》（Mythologies）一书发表的一篇论文中描述了一个"至臻之物"，他所指的并不是莫里斯和罗斯金所钟爱的那些精心制作的手工艺品，而是雪铁龙（Citröen）新推出的DS 19轿车。[5] 10年后，理查德·汉密尔顿在展览文本中称赞那些"在我心中和意识中占据了与塞尚（Cézanne）笔下的圣维克多山同样地位"的物品时，他谈论的是博朗的电子产品。[6]

工艺仍然有其坚定的支持者，特别是在斯堪的纳维亚和日本，即使是现代主义设计师也在他们的作品中以形式品质表达了对各自国家手工艺遗产和自然之美的热爱。芬兰建筑师阿尔瓦·阿尔托（Alvar Aalto）和他的妻子艾诺·玛利亚·马尔西奥-阿尔托（Aino Maria Marsio-Aalto）在20世纪30年代设计的家具，至今仍采用同一片森林中生长的桦木制成。他们的芬兰同胞塔皮奥·维尔卡拉（Tapio Wirkkala）则设计了极为精美的玻璃器皿，这些玻璃器皿在赫尔辛基的伊塔拉玻璃工厂（Iittala glassworks）制作，其形状让人联想到芬兰峡湾的湍急水流和冬季的冰凌。日本工业设计与工艺之间的关联则不那么明显，它们共同体现了简约、高效、精致和耐用的价值观。这些正是年轻的艺术史学家柳宗悦（Sōetsu Yanagi）在20世纪20年代中期游历日本乡村时，从农村手工艺品的例子中发现的珍贵品质。柳宗悦深受启发，发起了民艺运动（mingei movement），吸引了一批志同道合的艺术家、工匠和知识分子。[7]他的儿子柳宗理（Sori Yanagi）同样珍视这些品质，并在第二次世界大战后日本的工业环境中加以应用。作为数百种大批量生产的产品的设计师，从汽车、炊具到酱油瓶，柳宗理证明了民艺运动的价值观足够强大，可以通过不同的生产技术进行诠释。

那些更明智地推动国家设计文化现代化的政治家和设计师们注意到了这一点。1952年，古巴家具设计师克拉拉·波塞特（Clara Porset）受邀在墨西哥城美术宫（Palacio de Bellas Artes）策划了一场名为"日常生活中的艺术：墨西哥制造的设计精良物品"（*Art in Daily Life: Well-Designed Objects Made in Mexico*）的展览，并作为墨西哥设计未来的宣言，她将工厂生产的商品与在农村考察旅行中发现的手工艺品结合在一起。[8]波塞特坚信，墨西哥设计的现代化应该植根于该国丰富的手工艺遗产之中，她认为，如果手工艺遗产与现代隔绝，将无法生存。1958年，受印度政府委托进行全国设计调查的美国工业设计师查尔斯·伊姆斯（Charles Eames）和蕾·伊姆斯（Ray Eames）也得出了类似的结论。他们的《印度报告》得出结论，印度工业设计应该致力于提供与罗塔（lota）相同的"完善的服务、尊严和爱"。罗塔是一种在许多印度家庭日常使用的传统水壶，伊姆斯夫妇认为它是"我们在印度访问期间所见或所钦佩的所有物品中'也许是最伟大、最美丽'的"。[9]

然而，波塞特和伊姆斯夫妇只是少数派，因为设计的文化价值正在上升，而工艺的价值却在下降。工艺领域也长期受到性别歧视的困扰，因为它长期以来被视为女性的专属领地。几十年来，女性一直被鼓励学习所谓的"女性化"科目，如陶瓷和编织，即使在所谓的进步艺术和设计学校也是如此。在包豪斯的早期工艺福音传播时期，安妮·阿尔伯斯（Anni Albers）和冈塔·施托尔茨尔（Gunta Stölzl）都被迫放弃了她们原本计划学习的玻璃制作和建筑课程，转而加入编织车间或"女性班"。她们现在被认为是20世纪最具影响力的纺织品设计师之一，但两人都感到自己受到了不同程度的阻碍，因为她们被限制在了一个相对默默无闻且经济上不稳定的设计领域。就像许多其他被视为女性专属的东西一样，工艺也被边缘化了。

另一个同样严重的问题是，发展中经济体（即使是那些拥有悠久手工艺历史的国家）的手工艺传统被忽视，其理由是这些传统可能会阻碍现代化进程。在印度，尽管有伊姆斯夫妇和其他手工艺爱好者的努力，但那些作品与手工艺象征或技术相关的设计师和艺术家的声誉却遭受了被误解的打击。比如陶工德维·普拉萨德（Devi Prasad）和用麻及其他纺织材料制作雕塑的姆里纳尔尼·穆克吉（Mrinalini Mukherjee），他们的作品和贡献就因此受到了不公正的待遇。

但现在情况已经大不相同了。如今，设计师们乐于提及手工艺，而设计专业的毕业展览也充满了对手工艺历史的深入探索。这一转变始于20世纪90年代中期，当时海拉·容格里斯、尤尔根·拜（Jurgen Bey）等年轻荷兰设计师作为"楚格设计"（Droog Design）的一员，他们开始在自己的作品中融入手工艺的象征或技术。他们这样做的目的通常是为了给批量生产的物品增添手工艺特有的魅力或独特品质，就像容格里斯所做的那样，她通过编程控制工厂生产陶瓷的过程，故意在这些陶瓷上留下我们对手工陶罐所期待的不完美之处，并像数百年来陶瓷大师所做的那样，用她的指纹进行"签名"。此外，在包括荷兰皇家航空公司（KLM）飞机客舱设计在内的大型工业设计项目中，她巧妙地运用了刺绣、散落的线头、混搭的布料等手工艺元素，并为瑞士家具集团维特拉（Vitra）开发了新的色彩和纺织品设计策略，这些都实现了类似的颠覆性效果。

一些设计师采取了更为概念化或人类学的方法来探讨手工艺。克里斯蒂安·梅因德斯马的项目跨越了多个领域，从在"亚麻计划"

（The Flax Project）中为传统手工艺材料寻找新颖应用，到颂扬一位女性编织超过五百件毛衣的非凡成就，甚至从焚化炉的灰烬中发掘出潜在的可回收宝贵材料。幻形工作室则深入探索了意大利手工艺历史的多个篇章，包括西西里工匠如何利用埃特纳火山岩来创作物品，以及农村社区中面包制作的仪式。在维也纳设计周，一个备受欢迎的环节是"热爱之路"（Passionsweg）计划，该计划鼓励年轻设计师与维也纳历史悠久的制造商、工匠和工作室合作，共同开发新产品。例如，将瑞士设计师阿德里安·罗韦罗（Adrien Rovero）与波森斯基皮革制造商配对，或将其波兰同行马蒂尔达·克日科夫斯基（Matylda Krzykowski）与画笔制造商诺伯特·迈尔（Norbert Meier）和牛角专家托马斯·佩茨（Thomas Petz）配对，旨在让这些设计师深入了解维也纳手工艺的无限创意可能，同时提升公众对该城市手工艺和工业遗产技艺与智慧的认知。在日本，即便是像深泽直人（Naoto Fukasawa）这样以技术见长的设计师，也成功地将国家顶尖的工业设计实践与日本民艺馆（Mingeikan）的馆长职务融为一体。该博物馆由柳宗悦于1936年在东京郊外创立，旨在珍藏他精心收集的民艺品。

在艺术家群体中，手工艺也迎来了类似的复兴，许多艺术家经常参与到陶瓷和其他手工艺的创作过程。虽然由克里斯汀·马塞尔（Christine Macel）策划的2017年威尼斯艺术双年展的主题展"艺术万岁"（Viva Arte Viva）在许多方面都令人失望，但它却有力地证明了手工艺在视觉艺术中日益增长的重要性。同时，人们也开始重新评估那些曾与手工艺相关的艺术家的作品，这些作品一度被认为具有贬义，包括穆克吉（Mukherjee）的大麻雕塑和希拉·希克斯（Sheila Hicks）的纺织装置艺术，其中一件作品在"艺术万岁"中展出。

那么，是什么导致了这种变化？为什么像"手工制作的""手工艺"和"传统"这样一度被视为不起眼的词汇，现在却频繁出现在广告活动中？为什么油管（YouTube）上陶艺家们在拉坯机上制作陶器的视频片段变得如此受欢迎？为什么艺术和设计学校开始开设新的手工艺课程？为什么像格雷森·佩里（Grayson Perry）和埃德蒙·德瓦尔（Edmund de Waal）这样的知名陶艺家的作品价格不断攀升？还有，为什么在世界各地的妇女游行中，女性们选择编织带有尖猫耳的粉色羊毛帽作为政治抗议的象征？

值得注意的是，近年来两个引人注目的公共设计项目——由斯诺赫塔（Snøhetta）和度量衡系统（The Metric System）工作室合作设计的挪威新钞，以及由新（Neue）设计事务所设计的挪威新护照——都展现了挪威的自然美景、传统职业（如农业和渔业）以及自20世纪80年代以来一直作为挪威主要经济支柱的石油工业。新护照的页面上，挪威的森林和峡湾的精致插图在紫外线下会转变为北极光在夜空中闪耀的景象。美国设计史学家格伦·亚当森（Glenn Adamson）在其2021年的著作《工艺：美国历史》(*Craft: An American History*) 中指出，艺术界对手工艺日益浓厚的兴趣，部分原因是以白人为主的策展人和收藏家们，通过非洲裔美国工匠（如亚拉巴马州吉斯本的女性，她们大多是几代奴隶的后裔，延续着制作独特拼布被子的传统）的精湛手工艺，来接触和了解非洲裔美国文化历史的热情。[10]

在我们将大量时间用于在屏幕上浏览数字信息和图像的时代，手工艺的自发性或许不可避免地显得极具吸引力。同样的渴望也推动了音乐会、节日、辩论以及其他现场活动的流行，以及园艺、编织和烘焙等DIY活动的兴起。社会学家理查德·桑内特（Richard Sennett）在2008年出版的《匠人》(*The Craftsman*) 一书中重新定义了手工艺的知识框架，将其范围扩大到包括实验室技术人员、技艺高超的音乐家以及织布工和玻璃吹制工。桑内特引用医学研究，探讨那些通过高度熟练的双手工作而培养出的高度"主动触觉"对大脑的影响，他有力地论证了亲手制作物品这种身体体验是多么令人愉悦和充满力量。[11]同样地，虽然许多女权运动者乐于购买粉红色的猫咪帽在游行时佩戴，但那些为自己或朋友编织这些帽子的人表示，这一行为加深了她们对这项事业的情感承诺。

手工艺复兴也反映了数字技术在重新设计手工艺实践方面的作用。传统上，一个重要的区别是工匠会参与制作其工作的全部或部分，而设计师则制定规格并发布制作指示。然而，随着人们对各种制作形式的兴趣激增，这一界限变得模糊。越来越多的设计师开始扮演传统上由手工艺人承担的角色，他们亲自制作作品的全部或部分，同时专注于修复现有的物品和系统，并开发新的作品。这一趋势鼓励设计师们更加贴近手工艺的本质，亲自体验制作的乐趣与挑战。

至关重要的是，制作是当代设计中一个极具活力的领域——软件编程的核心组成部分。将指令以代码形式输入计算机的过程，实际上是设计与制作的深度融合。进一步说，软件设计师们符合工艺美术运动对手工艺人的界定，他们是那些专心致志的个体，尽管他们使用的是电脑鼠标和键盘，而非木匠的凿子或陶工的拉坯机，但他们同样通过手工技能来实践自己的技艺。如果你认同这一逻辑，那么软件设计便是一个强有力的实例，它展示了将设计、手工艺和制作这三者相结合的可能性，这种结合不仅限于软件领域，也同样适用于其他领域。

另一个关键因素是日益先进的数字生产技术的普及，比如3D打印系统，其速度和精确度使得设计师能够更便捷、经济地制作或定制新产品的全部或部分，甚至修复旧产品。此外，对修补或修复的兴趣激增也受到了环保意识的推动和减少不必要消费的愿望的影响。一个充满活力的制作者和修复者社群已经兴起，他们接纳各种形式的制作，并珍视来自熟练工业制造者的产品，就像珍视精美的手工刺绣或完美建造的干石墙一样。创客空间、黑客空间和创客图书馆如雨后春笋般涌现，为创客们提供工具和培训资源；同时，创客大会和创客市集也相继举办，促进了创意的交流和创客作品的展示。以色列出生的设计师兼策展人丹尼尔·查尼（Daniel Charny）创建了"修理专家"（Fixperts），这是一个由设计师、制作者和修复者组成的全球网络，他们不断探索新的方法。而由格拉斯哥设计企业家菲·斯科特（Fi Scott）运营的"创·作"（Make Works），则是一个工厂、工作室以及任何有兴趣与设计师合作的苏格兰创客的目录，其模式正在其他地区得到复制。

非洲新一代的设计师中，有部分人从一开始就将创作与技能共享融入了他们的作品之中。在布基纳法索中部，迪埃贝多·弗朗西斯·凯雷（Diébédo Francis Kéré）在他的家乡甘多村设计了一系列学校、图书馆和其他公共建筑，这些建筑都是通过集体劳动建造的。在这个过程中要求当地人学习新的技能，包括制砖等，这些技能都受到了该地区数百年来传统方法和材料的启发。凯雷不仅希望这些培训能帮助当地人找到可持续的就业机会，还相信通过参与建造过程，当地人会与这些建筑建立更深的情感联系。与此同时，马里的纺织设计师布巴卡尔·杜姆比亚（Boubacar Doumbia）在塞古建立了他的工作室勒恩多莫（Le Ndomo），这里不仅是他试验编织和自然染色技术的地方，也是他培训年轻人的场所。对于那些因教育不足而难以找到工作的年轻人来说，这里为他们提供了机会。杜姆比亚希望学员们在学习技能的同时，也能培养自律、勤奋和责任感等品质，这些将对他们未来的职业生涯产生积极的影响。

所有这些变革都为设计实践带来了活力，并帮助其应对后工业文化带来的挑战。手工艺也因此受益，一方面是因为注入了新的思维方式，另一方面是向诸如软件等充满活力的新领域进行了探索。不过，对于在手工艺领域内已经确立的学科来说，是否也如那些涉足其中的设计师和艺术家们一样，进行了同等程度的实验，这仍然是一个值得讨论的问题；可能尚未达到那种程度。

有令人鼓舞的先例可循。英国陶艺家克莱尔·特沃米（Clare Twomey）在她的手工艺历史研究中，融合了艺术、设计、人类学和手工艺的元素，并通过让社区参与陶艺制作来实践这一理念。2017

年，在伦敦泰特现代美术馆的"工厂项目"中，她创建了一个工业陶艺工作室，人们像在传统工厂中一样打卡上班，并学习陶艺制作技巧。另外，肯尼亚出生的杰出陶艺家玛格达莱娜·奥东多（Magdalene Odundo）的作品，深深植根于她对古老制陶技术的多年探索之中，这些技术包括她在肯尼亚和其他非洲国家学习到的拉坯、成型、烧制和上釉等技艺，还包括她在尼日利亚观察到的手工将黏土卷拉制平整成型的格巴里（Gbari）工艺。奥东多通过这些技艺，创作出既在视觉上引人入胜又技术精湛的器皿，同时也在探索她作为非洲裔女性且大部分成年时光在英国度过的文化身份的微妙之处。正如她的同胞、艺术家迈克尔·阿米蒂奇（Michael Armitage）在2021年伦敦皇家艺术学院雕塑画廊举办的个展之外，选择展出三件精美的陶器。手工艺的未来发展，很可能取决于其能否像它的老对手设计领域那样，通过策略性地融入其他学科，来拥抱当代文化的弹性。

1　Ellen Lupton, "Reputations: Sheila Levrant de Bretteville," *Eye*, Autumn 1993.
2　夏洛蒂·勃朗特对水晶宫博览会的描述是在她给父亲帕特里克·勃朗特牧师的一封信中写下的，当时她正在伦敦参观。这封信写于1851年5月31日，信中描述了她参加小说家威廉·梅克皮斯·萨克雷的讲座，以及参观水晶宫博览会的经历。Charlotte Brontë, *The Letters of Charlotte Brontë: With a Selection of Letters by Family and Friends: Volume Two, 1848–1851*, Oxford University Press, Oxford 2000.
3　Fiona MacCarthy, *The Last Pre-Raphaelite: Edward Burne-Jones and the Victorian Imagination*, Faber and Faber, London 2011, p. 33.
4　Celina Fox, *The Arts of Industry in the Age of Enlightenment*, Yale University Press, New Haven, Connecticut 2009, p. 453.
5　Roland Barthes, "The New Citroën," in Roland Barthes, *Mythologies*, Paladin, Frogmore, St. Albans 1973, p. 88–90.
6　Richard Morphet (ed.), *Richard Hamilton*, exh. cat., Tate Gallery Publications, London 1992, p. 164.
7　Sōetsu Yanagi, *The Unknown Craftsman: A Japanese Insight into Beauty*, Kodansha International, Tokyo 1972.
8　Ana Elena Mallet, "Art in Daily Life: An Exhibition of Well-Designed Objects Made in Mexico, 1952," in Alejandra de la Paz, Virginia Ruano (eds.), *Clara Porset's Design: Creating a Modern Mexico*, Museo Franz Mayer, Mexico City, 2006, p. 45–56.
9　John Neuhart, Marilyn Neuhart, Ray Eames, *Eames Design: The Work of the Office of Charles and Ray Eames*, Thames and Hudson, London 1989, p. 232–233.
10　Glenn Adamson, *Craft: An American History*, Bloomsbury Publishing, New York 2021, p. 254.
11　Richard Sennett, *The Craftsman*, Allen Lane, London 2008.

第四章
地球到底怎么了？

"绿色长城"是一项泛非项目，旨在从塞内加尔到吉布提，横跨非洲种植5000英里的植被。这张来自欧洲航天局（ESA）的卫星图像显示了该项目在塞内加尔、冈比亚和几内亚比绍的进展情况。

> 我们已成为巨大的掠食者……树木与森林呈现出的问题，归根结底是个人、社会与自然之间平衡与和谐的问题。我们值得为其战斗。我们绝不能因任务的艰巨而退缩。我们也绝不能对他人的苦难视而不见，因为沙漠的蔓延已不再有国界。
>
> ——托马斯·桑卡拉（Thomas Sankara）

撒哈拉沙漠南缘曾经肥沃的农田，如今却成了气候危机肆虐下的悲凉之地。作为地球上最炎热、最干燥的地区之一，从非洲西海岸的塞内加尔到东部的吉布提，萨赫勒地区饱受干旱、土壤侵蚀和荒漠化的蹂躏，导致农作物歉收、饥荒、贫困、战争和人口大规模迁移，这一地区正变得越来越荒凉。

早在20世纪80年代，人们就已经预见到了萨赫勒地区的困境。当时，布基纳法索的社会主义革命总统托马斯·桑卡拉[1]强烈呼吁邻国领导人采取果断行动，以阻止沙漠化的蔓延。桑卡拉已经在布基纳法索采取了这样的行动，他倡导在该国开展一项雄心勃勃的土地恢复计划并种植了超过一千万棵树。但作为一名热情的泛非主义者，他认为整个萨赫勒地区应该集体实施类似的举措。但直到2007年，也就是桑卡拉遇刺后的20年，这一倡议才得以实现。当时，非洲联盟（African Union）批准了该地区11个国家建设"绿色长城"（Great Green Wall）的计划，这是一条从大西洋沿岸的达喀尔到亚丁湾吉布提市的5000英里长的植被带。一旦建成，它将成为世界上最大的生物结构，长度是大堡礁的3倍。"绿色长城"旨在通过吸收碳、补充地下水位和产生新的微气候来增加降雨量，使萨赫勒地区的干旱土地恢复生机，从而创造就业机会，加强粮食和水源供应，遏制冲突并鼓励人们在那里生活。

"绿色长城"是一项如此雄心勃勃的工程，无论它位于何处，其建设都将异常复杂，而在像萨赫勒这样政治动荡、生态脆弱的地区尤其如此，进展一直缓慢，各国之间的差异也很大。一个挑战是，非洲联盟筹集的初始资金远远低于完成该项目所需的400亿美元。另一个挑战是，随着参与者面临经济危机、政治冲突、战争、恐怖袭击和包括埃博拉和新冠疫情在内的医疗紧急情况时，他们的命运起伏不定，使"绿色长城"的建设工作受到了干扰。但该项目已赢得了《联合国防治荒漠化公约》（UNCCD）的支持，更多国家加入其中，总数已超过20个。2021年，当"绿色长城"不到五分之一的部分完工时，由法国政府和世界银行牵头的一个资助团体承诺提供140亿美元，以加速其进展。[2]他们的捐款可能会有助于"绿色长城"实现其长期目标——到2030年创造1000万个绿色工作岗位并恢复1亿公顷退化土地，从而在这个长期缺乏希望和乐观情绪的地区激发希望和乐观精神。

无论好坏，"绿色长城"的故事都展现了设计在应对我们这个时代最具决定性的挑战之一——气候紧急状况时所面临的障碍和机遇。首先，它体现了人们越来越坚定地利用设计来解决全球重大威胁的决心。其次，它以交叉性的视角认识到，某一类型的问题可能与许多其他问题密不可分。在这个例子中，一个致力于解决荒漠化环境问题的土地恢复计划，与每个成员国的社会、经济和政治紧张局势密不可分。埃塞俄比亚就是一个悲剧性的例子，在2020年陷入内战之前，它曾是取得最大进展的国家之一。[3]再次，由于"绿色长城"不断演变，设计的功能在于帮助灵活且迅速地定义其指导原则和战略——并在必要时重新定义它们。至关重要的是，设计是作为经济学家、农民、政治家、生态学家和其他领域专家之间协作努力的一部分来进行的。然后，设计正在帮助"绿色长城"使每个参与国都能按照自己的意愿恢复土地，而不是规定它们应该如何做。这一政策使各成员国能够培育最适合其气候和地形的本土物种，例如塞内加尔种植的猴面包树、辣木和带刺沙漠金合欢树。每个国家还可以自由地复兴其农民数百年来一直采用的传统种植和灌溉技术，包括布基纳法索古老的挖掘新月形土坑以保留雨水的做法。⁴最后，设计的运用，就像"绿色长城"的各个方面一样，都是由非洲主导的，而不是由来自不同文化、对当地情况知之甚少的人在其他地方做出的决定所强加的。

在遏制日益严峻的气候危机的过程中，绿化萨赫勒地区是设计所面临的多重挑战之一。因为随着气温飙升、干旱加剧、湖泊缩小、野火肆虐、物种灭绝、极端天气肆虐、冰盖融化，以及海平面上升威胁着海滨城市并有可能淹没南太平洋的低洼岛屿。⁵气候紧急状况造成的危害极其严重，影响无处不在，影响着我们生活的方方面面。遏制这一毁灭性威胁将需要对所有领域进行彻底的重新设计：从我们与森林、河流、海洋、洪泛区、山脉、沿海地区以及包括生活在那里的所有物种在内的自然景观的其他部分的互动方式，到确保我们所有的物理基础设施都符合目的，以及我们的粮食生产链、能源供应系统、交通网络和其他一切。

多年来，人们已经认识到其中一些问题，但随着 21 世纪 20 年代生态系统的急剧恶化，采取行动的需求变得愈发紧迫。目前，人们正在开发更有效的方法来大幅减少碳和甲烷排放，同时也在努力从大气中提取大量碳并将其安全储存。提高我们住宅、学校、医院、机场、工作场所和其他物理基础设施的能源效率是另一项优先事项，与近年来通过提高能效继续增加清洁能源产量以维持设计成功的同时，利用电池设计的进步将其储存起来以供未来在需求较低时使用的做法并行不悖。

其他一些问题迄今为止似乎与气候危机相距甚远，比如技术对环境的影响。到目前为止，人们关注的重点一直是数字设备的设计、生产和处理所带来的问题。⁶使用在中国、印度尼西亚、西澳大利亚和刚果民主共和国等国家和地区开采的镝、钕、钇等稀土金属来制造手机

2019 年，在加纳首都阿克拉附近的阿波波什垃圾场，金属废料工人正在燃烧绝缘铜线以回收铜。

和平板电脑，这一问题长期以来一直备受关注。同样值得关注的是一些矿场的劳动剥削问题，以及硬件制造商继续使用冲突矿产的问题。此外，还有那些被从欧洲、北美和东南亚数千英里外运送到"数字垃圾场"进行丢弃的废弃产品堆所带来的环境和社会危害，比如加纳的阿格博罗什和巴基斯坦的卡拉奇等地。这些问题已经存在了一段时间，但尽管科技行业频繁承诺改革，其应对措施却严重不足。

正如凯特·克劳福德（Kate Crawford）在其 2021 年的著作《人工智能地图集》（Atlas of AI）中所解释的那样，技术造成的其他形式的生态破坏同样严重，但往往被忽视。[7]工业化的环境影响是不可避免的，因为人们可以通过工厂烟囱排出的黑烟和被化学染料染成奇异颜色的河水看到并闻到它。软件与有毒垃圾场、枯竭的矿场、枯萎的森林以及有毒的空气之间没有明显的联系，但我们所有的数字活动都是由孤立地点的庞大的数据中心或承担艰巨技术任务的数据挖掘农场所消耗的大量能源和排放的二氧化碳来驱动的，比如通过解码密码难题来验证加密货币交易。即使是发送电子邮件这样看似简单的过程，其排放的二氧化碳量也可能比寄一封信还要多，而复杂的人工智能系统则如此深奥，以至于开发和运行它们需要消耗大量的能源。

针对这些以及其他同样紧迫的生态问题，设计解决方案的规模和复杂程度将大不相同：从制定将南太平洋岛屿上濒危人口大规模遣返的战略，到策划看似微不足道的行为改变，比如格蕾塔·桑伯格（Greta Thunberg）在青少年时期发起的运动，说服她的父母在离开房间时关灯。（据她的父亲斯万特说，这"将电费减少了一半"。[8]）让我们来看看一个正在取得鼓舞性进展的领域：新型防洪系统。

工业革命时期曾被誉为一流设计的警示故事说明了为什么旧的防洪设计模式不再可行。胡佛大坝采用巨型混凝土结构，位于亚利桑那州和内华达州交界处的科罗拉多河黑峡谷，建于1931年至1936年之间，5000人参与了其建设，据报道，其中100人在施工过程中因安全措施不足而死亡。它的设计初衷是拦截科罗拉多河，防止其向西泛滥，同时向亚利桑那州、加利福尼亚州、科罗拉多州、新墨西哥州、内华达州和犹他州等西部各州提供水和水电，从20世纪30年代起推动了这些州的发展。它通过将水从由大坝拦截形成的米德湖中抽取出来，实现了这一目标，米德湖也因此迅速成为美国最大的水库。

这个项目从一开始就对生态造成了破坏。作为当时最大的混凝土结构，胡佛大坝消耗了前所未有的大量材料，这些材料的生产是碳排放的主要原因之一，也是沙子和工业用水的最大消耗者之一。通过阻断河流，它危及了数百年来生活在那里的鱼类、鸟类和其他生物。即便如此，它仍被广泛视为巨大的成功。但近年来，胡佛大坝本身也面临着严重的环境威胁。经过多年的干旱，米德湖的水位急剧下降，以至于它再也无法履行其为核心区域提供足够水源的核心功能，而这个区域越来越容易发生野火、土壤侵蚀和其他与干旱相关的灾害。[9]这个曾经被誉为高尚设计工程的项目，现在却成为生态破坏的象征，其困境正引发一系列相关问题的连锁反应。

　　胡佛大坝完工时，任何对其造成的环境混乱以及未能保护建造者的批评，都被对经济增长"驯服自然"成功所激起的赞扬所压制。巴克敏斯特·富勒早在20世纪20年代就警告过工业化带来的生态破坏，但由于相关信息很少，他的主张也大多被忽视。一个世纪后，鉴于我们深知现存生态系统的脆弱性，没有哪位设计师能够忽视评估其工作所有方面的环境可持续性及其社会经济后果的必要性。同样，设计师也不应再对所谓"驯服"自然所涉及的风险抱有幻想。相反，许多最有效的设计干预都在努力从自然和古代利用自然力量的方式中学习，通过培育自然来为我们所用。

　　一个例子是孟加拉国正在进行的工作，旨在设计更有效的管理洪水的方法，这些洪水在季风季节会定期淹没该国多达四分之一的地区。由于孟加拉国五分之四的土地位于洪泛区，随着海平面上升，其面临的洪水风险可能进一步加剧。仅2020年，就有数百人因洪水丧生，超过一百万座房屋受损，这是一个可怕的现实。几十年来，孟加拉国的防洪救灾工作一直集中在传统的"灰色基础设施"模式上，即建造堤防来封闭大片土地，防止洪水进入。但现在季风降雨如此猛烈，以至于水被困在堤防内，浸湿地面，同时在堤防外积聚，从而加剧了洪水的影响。孟加拉国新的设计方案是恢复其历史悠久的当地防洪策略，即将建筑集中在高地，在低洼地区建房前进行填高，并在水分充足的洪泛区种植作物。此外，还恢复了在房屋旁挖掘池塘以收集和储存季风季雨水的传统习俗，以供旱季使用。到目前为止，这种历史悠久的预防洪水并尝试利用其有效灌溉耕地的策略，比之前的"驯服自然"防洪技术更为有效。[10]

　　即使是在长久以来一直修筑更多、更高堤防的堡垒的荷兰，也正在放弃其严格的防洪工程策略，转而采用类似的策略来创建"绿色基础设施"，让河流在更广阔的区域自由流动。通过恢复四大河流——

艾瑟尔河、默兹河、莱茵河和瓦尔河沿岸受洪水影响最小的自然洪泛区，并将防御重点放在最脆弱的土地上，荷兰公共工程与水管理局（Rijkswaterstaat）的"为河流腾出空间"（Room for the River）计划自2018年完成以来，已使数百万人免受洪水破坏。与许多邻国一样，荷兰也在恢复另一种具有历史意义的自然洪水管理方法，即重新引入海狸。海狸是数百年前在欧洲大部分地区被猎杀至灭绝的物种。除了促进生物多样性外，海狸还因其设计和建造水坝的效率而闻名。这要归功于它们锋利的牙齿、勤奋的天性和天生的工程技能，所有这些举措都在荷兰水道的治理中卓有成效。

尽管这些新的解决方案令人鼓舞，但设计在努力应对日益加剧的气候灾难时仍面临巨大挑战。然而，也有一些积极的迹象，特别是设计师、公众和一些政界人士在保护我们陷入困境的生态系统以及寻找更健康、更安全、更可持续的生活方式方面具有日益坚定的决心。同样有帮助的是，设计师、他们的合作者和资助者都认识到，像"绿色长城"这样史诗般的生态项目努力要解决的根本问题的极端复杂性，将需要预见性和交叉性的设计方案，这些方案可以从过去的经验和大自然中吸取教训，也可以从迄今为止难以想象的科学、技术和工程领域的飞跃中受益。否则，我们将继续陷入一个越来越恶劣和有害的循环，即全球变暖加剧了由水资源、粮食和其他资源短缺引发的紧张局势，这可能会加剧贫困、冲突、移民和政治压迫，以及气候紧急状况造成的生态破坏。

1 托马斯·桑卡拉（1949—1987）是一名军官，在成功发动政变后，于 1983 年成为当时上沃尔特（Upper Volta）的总统，并将其更名为布基纳法索（Burkina Faso），意为"廉洁之人之地"。他推行进步政策，改善全国的教育、医疗和用水状况，并修建了新的公路和铁路，直到 1987 年被暗杀。

2 United Nations Convention to Combat Desertification (UNCCD), "Great Green Wall receives over \$14 billion to regreen the Sahel–France, World Bank listed among donors," January 11, 2021, https://www.unccd.int/news-stories/press-releases/over-14-billion-usd-raised-great-green-wall-regreen-sahel.

3 By the start of 2020, one million hectares of land had been restored in Ethiopia and nearly 220,000 jobs created in the Great Green Wall program, according to the UNCCD, see https://www.unccd.int/actions/great-green-wall-initiative.

4 Author's interview with Alex Asen, February 4, 2021, Design Emergency on Instagram, www.instagram.com/tv/CK37xMVHUuN/.

5 *The Economist*, "Pacific countries face more complex problems than sinking," www.economist.com/asia/2021/08/07/pacific-countries-face-more-complex-problems-than-sinking.

6 World Health Organization, *Children and digital dumpsites: e-waste exposure and child health*, June 15, 2021, www.who.int/publications/i/item/9789240023901.

7 Kate Crawford, *Atlas of AI*, Yale University Press, New Haven, Connecticut 2021.

8 Simon Hattenstone, "The Transformation of Greta Thunberg," *The Guardian*, September 25, 2021, www.theguardian.com/environment/ng-interactive/2021/sep/25/greta-thunberg-i-really-see-the-value-of-friendship-apart-from-the-climate-almost-nothing-else-matters.

9 Oliver Milman, "Severe drought threatens Hoover Dam reservoir—and water for US west. Climate crisis in the American west," *The Guardian*, July 13, 2021, www.theguardian.com/us-news/2021/jul/13/hoover-dam-lake-mead-severe-drought-us-west.

10 *BBC Futura*, "The nation learning to embrace flooding,", www.bbc.com/future/article/20201201-bangladesh-the-devastating-floods-essential-for-life.

第五章
物的式微

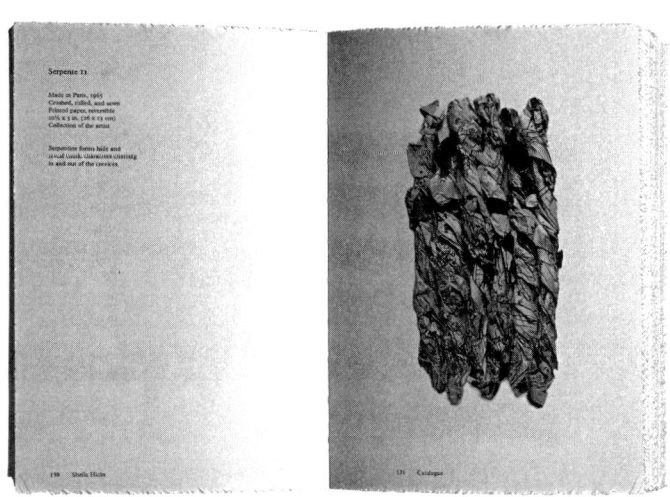

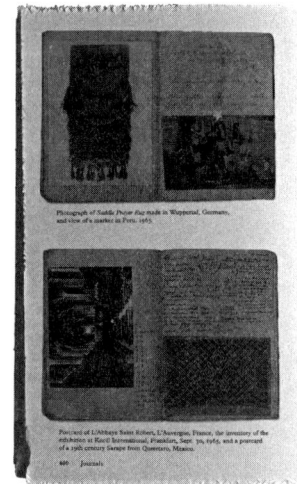
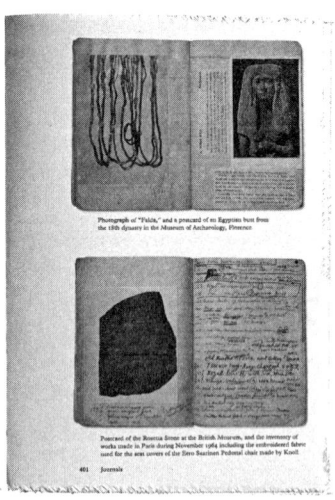

伊玛·布（Irma Boom）设计了《希拉·希克斯：编织作为隐喻》(2006)，这样通过书的纹理，包括封面和页边，就会令人感受到希克斯纺织品的触感。

> 一个物品的本质与其最终成为垃圾的方式有着某种联系。
>
> ——罗兰·巴特（Roland Barthes）[1]

当史蒂夫·乔布斯（Steve Jobs）指向他牛仔裤右前侧藏着的矩形小口袋，问道"你有没有想过这个口袋的用途是什么"时，观众们都满怀期待地笑了。这位苹果的联合创始人兼首席执行官于2005年9月7日在旧金山的新产品发布会上发表演讲，他早已通过承诺要展示"一些非常大胆的东西"来引发观众的好奇心。摄像机镜头拉近了这个小口袋，让观众能够看清他即将从中取出的东西。"它令人惊叹，"乔布斯承诺道，"直到你亲手拿到它，你才会相信……这是苹果有史以来创造的最令人惊叹的产品之一。"[2]

乔布斯在过去发布新的苹果产品时也曾有过类似的夸张言论，而他在未来也还会如此。但他坦言自己对这款iPod Nano便携式音乐播放器特别自豪。然而，不到12年后的2017年7月27日，苹果宣布将停止生产这款曾经"令人惊叹"的iPod Nano以及另一款曾经的畅销产品iPod Shuffle。这两款产品的销售量下滑如此严重，以至于公司无法再为继续生产它们找到合理的理由。

纵观历史，物品从人们的日常生活中来来去去，它们被如同"达尔文式"的自然选择过程中被尺寸、动力、速度、耐用性、可持续性或其他在设计上更令人满意的东西所取代。然而，很少有哪个时代能像现在这样，新事物的出现和旧事物的消失如此迅速且数量如此之多。虽然思考如开源智能和量子密码学等创新在未来将如何影响我们非常重要，但同样值得深思的是，在长久以来定义我们物理环境的那些曾经无处不在的设计物品中，我们可能会失去哪些，以及为什么会失去它们。

上一次人们日常生活发生类似规模的变化是在20世纪之交，当时更清洁、更高效的电气小发明使得数以百万计的家庭用上了电，从而不再需要那些过时的装置，比如煤气灯。电气化在当时看来是如此令人兴奋，以至于巴黎艺术家罗伯特和索尼娅·德劳内（Robert and Sonia Delaunay）夫妇特意安排朋友在新安装的街道电灯即将开启的地方与他们见面，并在灯泡第一次亮起时大声欢呼。

目前导致这种转变的催化剂是晶体管，这种微小的装置的作用是在计算机和其他数字设备中传导和放大电力。自20世纪40年代末晶体管被发明以来，科学家们在不断缩小晶体管尺寸并提升其性能方面取得了巨大成功，以至于现在数百万个晶体管可以被集成在一个原本只能容纳三四个晶体管的微芯片上。因此，我们的手机和电脑变得越来越小、越来越轻、越来越快，并且拥有巨大的存储空间，能够执行数百种不同产品的功能：从印刷书籍、报纸、杂志、日记和地图，到电话亭、相机、计算器、手表、名片夹、音响系统、电视机，以及（取决于你的观点）那些已经或很快可能成为多余需求的众多物品，比如iPod。

任何通过数字应用程序反而能够更有效地执行其功能的物品现在都面临着灭绝的威胁。以门钥匙为例。尽管几个世纪以来，钥匙都是精心制作的，尽管它具有丰富的象征意义——毕竟，"钥匙"（key）这个词是"重要"（key）的同义词。但一块锯齿状的金属片又怎能与一款智能锁应用竞争呢？更何况这款应用即使你不在场也能打开和关闭你家的门，而钥匙却做不到。而且，这款应用也更安全。任何人如果找到钥匙都可以进入建筑或开走汽车，但你可以通过用安全码保护应用来防止他人这样做，如果应用被黑客入侵，安全码当然也有可能被删除。与数字淘汰浪潮中的许多其他潜在的受害者一样，钥匙可以被称为"承诺性物品"（promissory objects)。就像现金和邮票一样，它们的价值不在于它们本身，而在于它们承诺要交付的东西，一旦出现了其他能让我们更高效地获取它们的东西，它们就变得多余，因此也就可以被丢弃了。

然而，即使是与数字替代品一样有效的物品也很脆弱。袖珍计算器就是一个例子。虽然现在看来很奇怪，但在20世纪70年代，当袖珍计算器被引入时，它们似乎具有令人眼花缭乱的科技官僚主义，带有当时神秘莫测的计算世界的诱人气息。它们对一名苏联外交官来说太诱人了，以至于他在冷战高峰期的一次官方访问西方时秘密购买了一台辛克莱执行型计算器，结果计算器在他的衬衫口袋里爆炸了。他的同事怀疑这是西方特工的谋杀行为，但实际上是执行型计算器那脆弱的电池出了问题。[3]近十年后，德国"发电站乐队"（Kraftwerk）在其1981年的专辑《电脑世界》（Computer World）中，用一首歌来致敬袖珍计算器，歌词是："我在做加法和减法。我控制着，我创作着，按下一个特别的键，它就会演奏一小段旋律。"[4]智能手机上的计算应用程序并不比传统计算器更快或更准确，但它还可以做无数其他事情，因此在便利性和环境责任方面，它完胜了这些德国摇滚乐手们最喜欢的小玩意儿。为什么要浪费稀缺资源来制造一个不再需要完成其原始功能的设备呢？而且，如果它没有其他用途，为什么还要费心带着它呢？

并非所有面临淘汰的物品都像钥匙或袖珍计算器那样历史悠久。苹果公司（以下简称苹果）就深刻地体会到了这一点，当他们不得不放弃那些曾经风靡一时的iPod时。至少Nano和Shuffle还曾有过它们的辉煌时刻，这与那些迅速失败的、被大肆宣传的科技产品不同。苹果因为在其首款健康追踪器中未包含经期追踪功能而遭到了猛烈的批评，这可能是因为其设计文化中的某种偏见，导致没有人注意到这一缺失。[5]同样，备受瞩目的谷歌眼镜也未能达到预期，其在不到两年的时间内就停止生产了。现在看来，谷歌眼镜就像是在20世纪90年代风靡一时的PalmPilot个人数字助理一样，变得多余起来。

其他濒危物品能否避免同样的命运？只有当存在特殊理由来赦免

它们时才有可能。以相机为例，大多数相机都注定要被淘汰，尤其是那些拍摄的照片质量与手机快照相似或更低的相机。但是，有足够多的人对摄影有更高的追求，并愿意投资于高端设备，这为继续生产高质量相机提供了理由，并鼓励制造商持续在产品所需的研发上进行投资，以使这些产品得以进化。因此，高规格相机保留了其在功能上对比应用程序的优势，但很难想象，袖珍计算器、印刷报纸，甚至是钥匙也能做到这一点。

另一种可能是，产品在外观、手感或它所唤起的联想方面如此迷人，以至于其传统形式仍然难以抗拒。用质地精美的纸张制作而成的书籍，配以引人注目的封面和排版，就属于这一类。它们可能在与电子书争夺"适者生存"的斗争中败下阵来——电子书在便利性、选择性、连接性和生态影响方面无疑更为优越——但它们仍有可能赢得另一场达尔文式的战斗，这场战斗被记录在查尔斯·达尔文（Charles Darwin）1871年的著作《人类的由来》（*The Descent of Man*）中。在这本书中，达尔文分析了为什么有些动物具有没有明显实际用途的身体特征，而且看起来纯粹是为了美观，这似乎推翻了他早期的自然选择理论。然而，达尔文解释说，这些特征确实有其特定的功能，通常是为了激发潜在配偶的欲望，从而说服它们交配并繁衍后代，正如孔雀华丽的尾巴和雄性雉鸡丰富的羽毛色彩所起的作用一样。

类似的原则也可以应用于其他过时的物品。如果它们足够吸引人，它们可能会存活下来，尽管这种存在可能不是永久性的。我虽然意识到印刷书籍的功能性缺陷，但我对它们有着深厚的感情，就像我对手表的感情一样，这种感情源于我与这些物品一起成长的记忆。如果我现在还是十几岁或二十几岁，我会以完全不同的眼光看待它们，不会被怀旧情绪所牵绊。这就是为什么随着时间的推移，只有越来越少的人会认为这些物品还具有吸引力。

还有一种可能性是通过人们对昂贵的限量版精美手工制品的崇拜

而幸存，就像黑胶唱片那样，可能最终会证明是一场得不偿失的胜利。尽管这些产品可能非常诱人，但它们要如何重新捕捉那种在它们前辈中如此重要的一个元素，即文化紧迫感呢？正如我们难以想象当代黑胶专辑封面像1975年罗伯特·梅普尔索普（Robert Mapplethorpe）在《马》（Horse）中为帕蒂·史密斯（Patti Smith）拍摄的雌雄同体一般冷冰冰肖像那样传递出一代女性的特质一样。在20世纪40年代末期，当德国平面设计师扬·奇肖尔德（Jan Tschichold）担任英国出版社设计总监时，他如何能让一本特别版书籍的封面像企鹅出版社的平装书那样，优雅地代表社会某一阶层的希望和恐惧呢？这是他做不到的。他当时正在印刷机上寻找排版错误并夸大他的外国口音以假装听不懂印刷工人在抱怨他时说的话。濒危物品存活的唯一万无一失的方法就是，它的设计要足够巧妙，以至于它能提供给我们一些其数字竞争对手无法匹敌的东西。

其中一个例子就是传统书籍，其物理特性不仅增强了读者对书籍作为物体的情感依恋，还加深了他们对其内容的理解。荷兰设计师约斯特·格鲁腾斯（Joost Grootens）通过设计新的组织和呈现信息的方式，重新发明了印刷版地图集，这些信息以地图、图表、图形和其他可视化技术形式展现，这些技术最适合在印刷品上解读，而非数字像素。[6]除了呈现地理学和地质学的新视角外，他的地图集还解构了复杂的政治冲突，包括对以色列和巴勒斯坦之间一个多世纪以来领土战争的详尽分析。[7]在许多人放弃印刷版地图集，转而使用卫星导航和数字地图的时代，格鲁腾斯展示了它们仍然可以发挥作用，就像他对于另一种看似过时的类型——印刷词典所做的那样。2015年，荷兰最古老、规模最大的语言词典《迪克·范戴尔》（Dikke Van Dale）在格鲁腾斯对其传统设计模板进行彻底修订后出版了新版。他通过添加彩色编码、视觉符号和插图，确保了这本5000多页的词典更加清晰易懂，同时也更易于浏览，这些元素温柔地引导读者注意到有用的参考和关联，而这些在数字词典中可能会被忽略。

另一位荷兰设计师伊玛·布则通过利用不同寻常纸张的触觉特性和非传统的切边方式来巧妙地引导我们翻阅她的书籍，或者吸引我们的注意力。这两种策略都被自信地应用于她在2006年出版的关于美国艺术家和纺织设计师希拉·希克斯（Sheila Hicks）作品的书籍《编织作为隐喻》(Weaving as Metaphor)中。伊玛·布用未涂层的、带有粗糙质感的白色纸张包裹了这本书，这种纸张在使用时会逐渐老化，形成一种光泽，提醒其主人多年来阅读和重读的愉悦。她还确保书页的切口看起来和摸起来都像希克斯纺织品的毛边一样粗糙且不加修饰。[8]

伊玛·布将《编织作为隐喻》的设计描述为"（一种）书籍的宣言。它证明了印刷书籍相对于互联网的优势，并证明了书籍这一实体永远无法被取代"。[9]同样令人信服的是，她正在制作的一系列关于她所设计书籍的微型书籍。这些微型书籍模仿了她自己在开始新项目时制作的小型原型书籍，她称之为"我的想法过滤器，让我能清晰地看到结构"。第一本微型书籍涵盖了布从1986年到2010年设计的书籍，长5厘米，宽4厘米，厚2.5厘米，共有704页。[10]第二本又增加了她接下来三年的书籍作品，每个维度都增加了半厘米，共有800页。[11]第三本则涵盖了从2013年到2021年的作品，体积更大，共有1000页。[12]除了质疑人们将书籍大小与其重要性相混淆的倾向外，伊玛·布还吸引读者仔细观察这些微小的页面，微妙地确保他们会更加专注。但是，她和格鲁腾斯的书籍是罕见的例外。除非其他濒危物品能提出同样令人信服的理由来证明其继续存在的合理性，否则它们似乎注定会在设计领域上演与查尔斯·达尔文在《人类的由来》中所描述的生物生存斗争相类似的命运——物品的衰落。

1 Roland Barthes, "Non Multa Sed Multum," in Yvon Lambert (ed.), *Cy Twombly. Catalogue raisonné des oeuvres sur papier. Vol. VI 1973–1966*, Multhipla Edizioni, Milan 1976.

2 "Apple Music Special Event 2005—The iPod Nano Introduction," uploaded by JoshuaG on February 13, 2006, https://www.youtube.com/watch?v=7GRv-kv5XEg.

3 Nathan Ingraham, "An Ode to the Pocket Calculator, One of the First Mobile Computing Devices," *The Verge*, March 8, 2012, https://www.theverge.com/2012/3/8/2854488/pocket-calculator-mobile-computing-casualties.

4 Kraftwerk's single *Pocket Calculator*, cowritten by Karl Bartos, Ralf Hütter, and Emil Schult, was released in 1981 having been recorded in seven different languages. It appeared on the band's 1981 album *Computer World*.

5 Caroline Criado Perez, *Invisible Women: Exposing Data Bias In a World Designed for Men*, Chatto & Windus, London 2019, p. 176.

6 Joost Grootens, *I Swear I Use No Art at All: 10 Years, 100 Books, 18,788 Pages of Book Design*, 010 Publishers, Rotterdam 2010.

7 Malkit Shoshan, *Atlas of the Conflict: Israel—Palestine*, 010 Publishers, Amsterdam 2013.

8 Nina Stritzler-Levine (ed.), *Sheila Hicks: Weaving as Metaphor*, Yale University Press, New Haven, Connecticut 2006.

9 Irma Boom (ed.), *Irma Boom: The Architecture of the Book, Books in Reverse Chronological Order 2013–1996*, Lecturis, Eindhoven 2013, p. 161.

10 Irma Boom (ed.), *Irma Boom: Biography in Books, Books in Reverse Chronological Order 2010–1986*, University of Amsterdam Press, Amsterdam, 2010.

11 Irma Boom, *Irma Boom: The Architecture of the Book*.

12 Irma Boom (ed.), *Irma Boom: Book Manifest*, Walther & Franz König, Cologne 2022.

第六章
回到未来

汉堡图标最初由诺姆·考克斯（Norm Cox）为1981年的施乐计算机设计，2008年，洛伦·布里希特（Loren Brichter）重新启用了该图标，用以象征网站菜单，从而节省屏幕空间。

一切事物都应该从哪里来，到哪里去。最重要的问题也很显而易见。问题在于过度设计。

——洛伦·布里希特[1]

如果你登录一个较大、较繁忙的网站，如《纽约时报》或《卫报》，你很可能会在屏幕顶部看到一个由三条等长的水平线组成的小方块。它被称为"汉堡图标"，尽管将上下两条线视为汉堡的上下两片面包，中间一条线视为夹在中间的肉、奶酪等食材，这确实有些牵强。不管名字是否奇怪，近年来，这三条线越来越多地出现在各种网站上，主要用于标识从屏幕一侧出现的菜单，以显示内容列表。

就像我们笔记本电脑、平板电脑、手机和其他数字设备屏幕上的所有操作符号一样，汉堡图标之所以承担起了现在的功能，是因为有这样的需求。具体来说，一旦智能手机变得足够强大，可以作为互联网浏览器使用时，网站设计师就需要找到从页面上删除数据的方法，以便在更小的屏幕上更容易阅读。用隐藏的菜单替换冗长的菜单，在点击图标时滑入视线，这是一个巧妙的解决方案。这个"侧边导航面板"是2008年由美国软件设计师洛伦·布里希特设计的，他选择通过复活原属于20世纪80年代数字用户界面的先驱汉堡图标来标识它。[2]

这是一个聪明的选择。忘掉它与真实汉堡之间模糊的相似之处吧，这3条线看起来更像是书本索引中章节标题的极端抽象。这种比喻很贴切，因为印刷的索引和网站菜单在功能上有很多相似之处。汉堡图标在视觉上也很吸引人，尤其是它不可避免地带有数字化特性，这在用户界面那种常常带有怀旧色彩、往往又畏首畏尾的美学环境中，显得格外罕见。

并不是说数字用户界面设计是失败的,在很多方面,它都是成功的。让数十亿人能够操作像计算机这样令人头疼的复杂设备,是一项艰巨的设计挑战,随着数字设备在体积缩小的同时又增强了功能,这项挑战也变得越来越困难。界面或任何其他设计项目的最重要方面是它应该能够高效地实现其功能,但使用体验也很重要。操作数字设备最令人愉悦的方面之一涉及触摸和运动,比如"下拉刷新"操作,我们通过拉动屏幕顶部来更新我们的电子邮件收件箱和Instagram动态。("下拉刷新"是布里希特的另一项创新。)但是,尽管数字操作符号,如汉堡图标和触摸屏上的电子邮件应用程序是我们这个时代最普遍的图像,也是我们最有用的工具之一,但用户界面的视觉维度却缺乏吸引力。为什么在其他方面设计如此深奥、如此普遍的东西,在美学上却常常令人失望呢?

20世纪50年代,第一代计算机出现了,它们是由受过专门训练的技术人员操作的,这些技术人员将编程代码通过打字机风格的键盘输入。这些机器体积庞大,产生大量热量和噪声,因此大多数都放置在专门指定的房间里。而且它们价格昂贵,只有非常富有的组织才能买得起。直到20世纪70年代末期计算机爱好者——如美国的苹果联合创始人史蒂夫·乔布斯和史蒂夫·沃兹尼亚克(Steve Wozniak),以及英国的克莱夫·辛克莱(Clive Sinclair)的出现,才开发出计算机套件,这些套件小巧且价格低廉,个人也能买得起。然后,新型个人电脑的设计师和程序员不得不设计出让不熟悉编程的人(他们的大多数潜在客户)也能操作电脑的方法。数字界面设计的早期研究包括穆里尔·库珀(Muriel Cooper)和罗恩·麦克尼尔(Ron MacNeil)自1974年麻省理工学院成立可视语言工作室(Visible Language Workshop)至1994年库珀去世期间的研究工作。在追求这一目标的同时,也致力于让数字图像具备任何媒介中最佳设计所具有的清晰度和敏感性。

技术设计师比尔·莫格里奇(Bill Moggridge)在2007年出版的《设计互动》(Designing Interactions)一书中描述了第一批数字用户界

面是如何由加利福尼亚州北部的施乐帕洛阿尔托研究中心（简称施乐PARC）等研究实验室的计算机科学家和设计工程师开发的。他们的工作遵循着这样一个共同的假设：控制计算机的感觉越接近具有类似功能的熟悉事物，就越容易上手。为此，他们模拟了第一个数字用户界面，该界面于1981年随施乐8010"星"计算机推出，它模拟了办公室中文件流转的过程——将文件存储在文件夹和柜子中，并将垃圾丢弃在垃圾桶中——通过创建这些对象的图形副本来表示相关控件。[3]施乐PARC的设计工程师诺姆·考克斯为"星"计算机的界面设计了几个操作符号，包括一个表示A4纸文档的空矩形和汉堡图标。

微软、苹果和其他公司也采用了这个办公模板，同时设计了自己的操作符号并添加到施乐PARC的符号中。苹果的一位设计师比尔·阿特金森（Bill Atkinson）告诉莫格里奇，在20世纪80年代初研发丽莎台式计算机期间，他们决定在需要清空"垃圾桶"的时候提醒用户。阿特金森建议运用苍蝇在顶部嗡嗡作响的声音，就像在现实生活中一样，但他的同事们否决了这一建议。由于担心烦躁不安的昆虫声会让人太不安，他们决定用折皱白纸的声音来代替。[4]虽然丽莎台式计算机卖得很差，但垃圾桶的原始设定却比它存在的时间更持久。

从图形设计的角度来看，这些早期的用户界面符号相当粗糙，这主要是因为当时用于构建数字图像的像素非常大。然而，随着计算机图形学的不断进步——像素变得越来越小，细节也更加精致，用户界面图像的质量也随之提高。在过去的10年里，我们已经习惯了在计算机、智能手机和平板电脑的屏幕上看到越来越复杂的操作符号，其中许多都增加了装饰效果，如投影、仿制纹理或抛光表面。

从理论上讲，这些进步应该使设计师能够创造出一种独特的全新美学，即21世纪初期的美学，它相当于20世纪50年代和60年代布劳恩（Braun）电子产品中巧妙设计的控制装置。赞美布劳恩复古收音机和留声机的冰冷美感已成为设计界的陈词滥调，但它们仍然是穆里尔·库珀为数字图形所追求的效率和优雅的典范。布劳恩的设计师们通过减少按钮、开关和旋钮的数量，将它们有序排列，并用颜色编码等视觉提示来引导用户，从而实现了这一目标。"关闭"开关始终是红色的，而"打开"开关是绿色的。他们甚至修改了按钮顶部的形状，以指示是应该用力按下还是按压特定位置：前者为凹形，后者为凸形。这种设计使产品能够毫不费力地操作，同时创造出一种创新而独特的设计美学，至今仍定义着这个时代。

数字用户界面设计并没有努力生产出同样引人注目的东西，而是沉浸在怀旧之中。在过去10年的大部分时间里，它一直被超现实或拟物化图像所主导，这些图像模仿的是30多年前施乐PARC设计师用作提示的模拟对象。以带有古董红色蜡封的纸质信封图标为例，这是一款安卓三星手机上的电子邮件应用程序。(唯一的数字痕迹是印在蜡上的电子邮件地址符号@。)2012年，苹果发布了iPhone和iPad的iOS 6操作系统，其图形符号包括代表打电话应用程序的传统电话手柄图标、代表发送电子邮件的信封图标、代表记录笔记的横排纸图标，以及一个与瑞士铁路官方时钟相似的时钟图标，这引发了一场法律纠纷。(苹果承认败诉，并最终达成协议，获得了它的使用权。)[5] 更俗气的是代表电子书应用程序的木制书柜。

为什么会有公司投入如此多的资金和创意精力开发电子书，结果却把它们展示得和纸质书如此相似？为什么不以一种更清楚的方式彰显它的优势？比如它们可以提供更广泛的、可立即获得的书目选择，同时不会因为浪费纸张、墨水和如同将传统书籍一样浪费从印刷厂到仓库和书店所需的化石燃料而破坏环境。在数字界面出现的早期，对技术新手来说可以轻易识别的模拟符号已经变得深入人心。但它们也有可能让更年轻的用户感到困惑，因为他们可能从未拥有过固定电话或其他实物，它们所象征的应用程序正使这些它们所象征的"实物"变得多余。

在iOS 6首次亮相前几周，微软推出了风格迥异的Windows 8操作系统。该系统风格更加简洁，没有过多的装饰性元素，而是以纯色块和简洁的排版为主导。"扁平化设计"（Flat Design）由此得名，并随后被谷歌、推特、脸书、Dropbox、三星以及苹果所采用。苹果随后推出的操作系统在风格上比iOS 6更加简洁，不那么烦琐，但仍然充满了模拟元素。以iOS 11为例，这个操作系统于2017年秋季发布，苹果一如既往地大肆宣传称："这是iPhone的一大步。iPad的里程碑式飞跃"。尽管有些夸大其词，但时钟、相机、信封和带横线的纸张等图标都保留了下来。值得庆幸的是，书架图标已经消失，但取而代之的是一本老式印刷书籍。其中我唯一看好的是苹果早期界面中我最喜欢的拟物化功能——计算器键盘的复兴，该键盘的设计灵感来源于1977年的布劳恩ET44口袋计算器。在几个iOS版本中，它被一件沉闷的扁平化设计所取代，但在iOS 11又回到了人们的视线中，尽管它变得有些乏味。苹果已经摒弃了过多的拟物化设计，但既没有完全接受扁平化设计，也没有成功开发出令人信服的新美学。从那以后，进展甚微，而iOS 15于2021年秋季发布，据称"满载新功能"和"强大的智能"，将使我们"用iPhone做更多前所未有的事情"，但其图标中仍然包含相同的模拟元素，包括一本打开的印刷书籍。

　　遗憾的是，苹果的界面并不是扁平化设计唯一乏味的例子，尽管它比带有愉悦性的拟物化风格更加简洁和清新，但它可能像它的名字一样沉闷。扁平化美学也并非没有怀旧感，它受到战后欧洲现代主义流派的影响，以马克斯·比尔（Max Bill）和阿德里安·弗鲁泰格（Adrian Frutiger）倡导的瑞士排版为代表。

　　像布劳恩那样发展出一种明确的设计美学，在任何情况下都是极其困难的，而对于像数字界面这样复杂且功能多样的东西来说，更是难上加难。布劳恩的设计师可以依赖现代主义工业设计的"形式永远追随功能"的原则，为产品的操作提供物理线索，但数字设备的设计师却无法做到这一点。你怎么能通过看一个小巧而难以捉摸的智能手机或平板电脑来猜出怎么使用它呢？你做不到。另一个障碍是需要设计操作系统，就像路标一样，它必须让技术知识和经验水平截然不同的人都能轻松理解，同时又不惹恼专家，也不让新手感到困惑。

然而，用户界面设计师也有显著的优势。他们的领域相对较新，这往往有利于他们采取大胆和实验性的设计方法。它还结合了像苹果、谷歌和三星这样的庞大企业和巨大的研究资源，为像布里希特这样具有创业精神和态度的设计师提供了大量独立工作的机会，使他们能够摆脱公司政治和妥协的要求。此外，用户界面设计的视觉方面也不受形式约束的困扰。没有立法压力要求使用特定的操作符号，也没有全行业协议迫使公司这样做。理论上，用户界面设计师可以自由创造自己的美学，并且拥有技术飞跃的巨大优势，这有助于他们实现这一目标。

他们未来会更好地利用这些机会吗？没有理由不这样做，尤其是界面设计在功能和触觉上已经取得了如此多的成就。如果数字界面在视觉上也能同样令人印象深刻，我们都会受益。你更愿意在屏幕上看到什么？是令人出乎意料的富有表现力的汉堡图标，它唯一的怀旧元素便是向计算机技术的开创性早期致敬，还是一个实体的或数字的看起来同样没有吸引力的书架？

---

1 Jessica E. Lessin, "High Priest of App Design, at Home in Philly," *The Wall Street Journal*, March 17, 2013, https://www.wsj.com/articles/SB10001424127887324392804578358730990873670.

2 原始的汉堡图标是由加州北部帕罗奥多市的施乐 PARC 研发设施的设计工程师诺曼·考克斯为 1981 年的施乐 8010 或 "Star" 计算机设计的。洛伦·布里希特在 2008 年为苹果公司工作时，将其重新设计为一个符号，用于标识他设计的 Tweetie 应用程序上的列表。Tweetie 旨在使 iPad 用户能够使用 Twitter。"A Brief History of the Hamburger Icon – Placeit Blog," https://blog.placeit.net/history-of-the-hamburger-icon.

3 Bill Moggridge, *Designing Interactions*, MIT Press, Cambridge, Massachusetts 2007, p. 53–54.

4 同上，p. 101。

5 瑞士铁路时钟是由瑞士铁路网络（SBB）的工程师兼员工汉斯·希尔菲克（Hans Hilfiker）于 1944 年设计的。该设计已注册商标，并在瑞士各地的火车站安装。SBB 于 2012 年起诉苹果公司侵犯版权，声称 iOS 6 的用户界面时钟符号是基于瑞士铁路时钟设计的。随后，苹果公司与 SBB 达成协议，获得了该设计的许可权。"Apple gets OK to use Swiss railway clock design," http://www.reuters.com/article/us-apple-iphone-swissclock-idUSBRE89B0SV20121012。

第七章
设计仍然是男人的世界吗?

海拉·容格里斯在她的柏林工作室中与埃迪丝·范伯克尔(Edith van Berkel)合作,为荷兰皇家航空公司设计工业项目。

当我听到其他黑人设计师的成就时，我为他们感到高兴，因为他们像其他人一样，都在做着出色的工作。但我认为，女性在设计领域面临的挑战更为艰巨。最终，作为一名白人男性可能仍然是最轻松的选择，因为他们不会遭遇"嘿，看，那儿有个……"的偏见。

——盖尔·安德森（Gail Anderson）[1]

1923年，格特鲁德·阿尔恩特（Gertrud Arndt）辞去了建筑师事务所的工作，转而申请了一所艺术与设计学院的奖学金。该学院的招生简章承诺"欢迎任何具有良好声誉的人，不论年龄或性别"。她原本满怀希望地想要学习建筑，但却被鼓励加入编织车间，这与其他大多数在包豪斯注册入学的女学生一样。而那些拒绝这一安排的学生，则被建议去学习书籍装帧，理由是这也非常适合"女性"。

并不是只有包豪斯在延续性别刻板印象。在阿恩特到达几年后，一位年轻的法国室内设计师夏洛特·佩里安（Charlotte Perriand）向勒·柯布西耶（Le Corbusier）申请在他在巴黎的建筑工作室工作，却遭到了他冷淡的拒绝："我们这里不绣垫子。"[2] 几十年后，在1956年美国电视节目《家居》的一集中，观众看到蕾·伊姆斯在一位女性主持人的介绍下，尴尬地与丈夫查尔斯一同出现在荧幕上，主持人说："这是伊姆斯夫人，她将告诉我们她是如何帮助查尔斯设计这些椅子的。"[3] 勒·柯布西耶的另一位合作者，英国建筑师简·德鲁（Jane Drew），她与丈夫麦克斯韦·弗莱（Maxwell Fry）一起工作。由于在讲座上反复被介绍为"弗莱夫人"，她感到非常恼火，以至于她说："很抱歉弗莱夫人今晚不能和我们在一起，不过简·德鲁小姐已经欣然同意代替她。"[4]

难怪这么多设计史书籍都充斥着对男性的引用，尤其是白人男性，尽管这是另一个话题。这个情况目前已经有所改善。现在，许多女性设计师都被公认为各自领域的领军人物，包括工业设计领域的海拉·容格里斯、书籍设计领域的伊玛·布、室内设计领域的伊尔丝·克劳福德（Ilse Crawford）、表演设计领域的埃丝·德夫林（Es Devlin）以及社会设计领域的希拉里·科特姆。其他女性也获得了曾经似乎只属于男性的著名设计奖、教授职位和策展人职位。然而，尽管二十多年来，女性学生在北美和欧洲大多数设计学校中占大多数，但最知名且商业上最成功的设计师仍然绝大多数是男性。而且，我还没有遇到过一位女性设计师，无论其成功与否，都未曾遭受过与阿恩特、佩里安、伊姆斯和德鲁多年前所经历的相似性别歧视和阻碍。至于迅速壮大的酷儿和跨性别设计师群体，他们不愿意用传统的二元论将自己定义为男性或女性，而他们所面临的偏见，如果不是更多的话，也至少是与前者相当的。

并非说这两个群体在其他领域就不会遇到这样的障碍，但他们在设计领域经历了异乎寻常的艰难时光——过去如此，现在依然如此。而且，并非仅仅他们是设计领域性别偏见的受害者，我们其他人也同样如此。如果你认为设计在组织我们的生活和定义充斥其中的物品、形象、系统和空间方面扮演着重要角色，那么我们有理由需要更加优秀的设计师。

但是，除非这些改变来自社会的各个角落，而不仅仅是某一个性别群体，否则我们无法实现这些改变。正如卡罗琳·克里多·佩雷斯（Caroline Criado Perez）在其2019年出版的《隐形女性》（*Invisible Women*）一书中通过挖掘数据所证明的那样，她指出女性在车祸中受重伤的可能性比男性高出47%，在心脏病发作后被误诊的可能性高出50%，还有许多其他不利因素，都是因为她发现的"适合男性的尺寸就等于适合所有人的尺寸"的设计方法。[5]为什么设计领域长期以来一直

第七章　设计仍然是男人的世界吗？

是"男人的世界"？而一个理论上应该开放和兼容并蓄的学科，其性别政治在女性主义、跨性别主义和性别流动性的讨论激增的背景下，还将保持多久的陈旧状态？

当然，纵观历史，女性一直以来都在从事设计工作，尽管她们常常是在"偶然设计师"的角色中，基于"需求是发明之母"的本能设计智慧，制作出更坚固的工具或更致命的武器。然而，她们的工作很少得到认可，而那些同样基于直觉进行设计的男性设计师也未能幸免。直到20世纪，只有极少数女性被允许成为专业设计师，而且，即便她们获得了这样的机会，如果没有财富和社会关系的支持，也很难真正从事这一职业。

以18世纪末的伦敦社交名媛伊丽莎白·坦普顿夫人（Lady Elizabeth Templetown）为例，她是最成功的一位。她说服了乔赛亚·韦奇伍德（Josiah Wedgwood）允许她们装饰他的陶器。当时，涉足陶瓷设计被视为一种时尚的女性成就，与弹钢琴和刺绣不相上下。坦普顿夫人在社交圈中名声大噪，韦奇伍德可能既被她的推广价值所吸引，也被她的设计技巧所打动，而她的一些主要体现充满情感的家庭场景的图案成了畅销产品。一个世纪后，同样享有特权的还有阿格尼丝和罗达·加勒特（Agnes and Rhoda Garrett）表姐妹，她们声称自己是伦敦第一批女性"艺术装饰师"或室内设计师。尽管加勒特姐妹才华横溢且意志坚定，但她们也得到了阿格尼丝父亲的财力支持（他是一位富有的谷物商人），以及其他姐妹的委托，其中包括女性选举权运动家米莉森特·福西特（Millicent Fawcett）和先驱医生伊丽莎白·加勒特·安德森（Elizabeth Garrett Anderson）[6]。幸好，她们成功说服了唯一愿意收她们为徒的建筑师，但他只同意在她们不参与肮脏、"不淑女"的建造过程的前提下工作。[7]

同样，最早实现建筑抱负的女性大多通过用自己的钱在自己的土地上建造建筑来实现这一目标，就像17世纪英国贵族伊丽莎白·威尔伯拉罕夫人（Lady Elizabeth Wilbraham）和安妮·克利福德夫人（Lady Anne Clifford）在家族庄园上所做的那样。莎拉·洛什（Sarah Losh）是坎布里亚郡一位工业富豪的继承人，她在19世纪中叶[8]设计了教堂、学校和住宅，准备在她的家乡威雷村建造，这与乔治·艾略特（George Eliot）在1874年的小说《米德尔马契》（Middlemarch）中塑造的有缺陷的女主角多萝西娅·布鲁克（Dorothea Brooke）希望通过为叔叔的租户建造"好房子"的计划非常相似。即使在20世纪，像艾琳·格雷（Eileen Gray）这样才华横溢的设计师和建筑师也需要努力争取委托项目，甚至不得不在20世纪20年代将她在巴黎经营的设计画廊命名为一个虚构的男人——让·德塞尔特（Jean Désert）的名字。格雷之所以能够维持她的建筑事业，多亏了她的私人收入，这些收入用于资助她为自己设计的房屋的建设。夏洛特·佩里安是一个罕见的例外，她出身卑微，她的父亲是裁缝，母亲在巴黎时装业做女装裁缝——但她成功地成为一名设计师，后来还成为一名建筑师。

然而，即使是佩里安的成功也在一定程度上归功于男性的赞助，这得益于她与勒·柯布西耶的堂兄兼首席合作者、瑞士建筑师皮埃尔·让纳雷（Pierre Jeanneret）的关系。同样，20世纪初中期其他著名的女性设计师也大多是更著名的男性从业者的妻子或情人：比如玛丽恩·多恩（Marion Dorn）之于爱德华·麦奈特·考夫（Edward McKnight Kauffer），莉莉·赖希（Lilly Reich）之于密斯·凡德罗（Mies van der Rohe），简·德鲁之于麦克斯韦·弗莱，以及蕾·伊姆斯之于查尔斯·伊姆斯。她们的成就往往与伴侣的成就混淆，或被归咎于裙带关系——甚至两者兼而有之。在20世纪50年代末期的美国，女性设计师的就业率极低，以至于当通用汽车设计部门负责人哈雷·厄尔（Harley Earl）雇用了9名女性，与公司设计团队中的众多男性一起工作时，她们的存在被认为是如此不同寻常，甚至使她们获得了一个特殊的称号："设计淑女"[9]（Damsels of Design）。没有人会想到给男性设计师起个绰号。因为男性设计师无处不在，为什么要这样做呢？

厄尔的初衷是出于实际需求，而非政治考量。当时，美国已有近半数的驾驶者是女性，而通用汽车的研究报告指出，这些女性对汽车的外观设计和功能设计都颇为不满。数十年后，像平面设计师希拉·莱万特·德布雷特维尔及其在洛杉矶"女性图形设计中心"（Women's Graphics Center）[10]的合作伙伴这样的女性主义设计理论家们，仍然对男性在主导商业设计项目和设计团队时所展现出的"性别偏见"感到不满。他们将自己的价值观融入设计之中，却往往忽视了女性的需求，或者只是用老套的方式来应对。可悲的是，这些问题至今仍然存在，正如克里奥多·佩雷斯（Criado Perez）的数据分析所揭示的那样。

即便如此，到了21世纪初，女性设计师的数量开始增加，并逐渐展现出更大的影响力。但她们并未能完全避免在其他领域女性所面临的问题和偏见：从性别歧视的辱骂到微不足道的羞辱，比如被坚持只与男性同事交谈的客户忽视；再到实际挑战，比如努力平衡职业和个人责任，或者发现与自己资历相似的男性做同样的工作却能获得更高的薪酬。澳大利亚的概念设计师加布里埃尔·A.马赫（Gabriel A. Maher）在2015年对荷兰设计杂志《框架》（Frame）一年内的性别描绘进行了分析，结果令人震惊。在杂志的编辑页面和广告中出现的超过80%的人物——主要是设计师和建筑师——被描绘为传统男性。他们通常摆出坚定有力的姿势，并配以诸如"大师与机器相遇"和"有目标的男人"等英雄式的标题。而女性则采用更为顺从，有时甚至有点矫揉造作的姿态，并被冠以"设计女神""金属女王"和其他典型的贬低性词语的称号。同年晚些时候，IBM被迫放弃了一项旨在鼓励女性从事科学、技术和工程设计工作的传播活动，因为其目标受众对被要求挑战的对象是"改造吹风机"（Hack a Hairdryer）感到愤怒。难怪设计学院的教师们不断报告说,即使是最有前途的女学生也受到自卑感和其他权利问题的影响,这些问题一直困扰着各个时代的女性。

然而,越来越多的例外正在涌现。容格里斯、布、克劳福德、德夫林、科特姆以及其他杰出的女性设计师,如平面设计领域的盖尔·安德森和弗里思·克尔(Frith Kerr),正为年轻女性树立着鼓舞人心的榜样。一些跨性别的设计组合选择以女性的名字命名工作室,而不是男性的名字,比如位于鹿特丹的威基·索默斯工作室(Studio Wieki Somers)的设计师威基·索默斯(Wieki Somers)和她的搭档迪伦·范登伯格(Dylan van den Berg),以及米兰的帕特里夏·乌尔基奥拉(Patricia Urquiola)与阿尔贝托·宗通纳(Alberto Zontone)的合作。过去那些被忽视的女性设计师的成就,现在正通过展览、博物馆收藏和书籍等形式得到广泛的认可。同时,许多最具影响力的设计策展人也是女性,包括现代艺术博物馆的保拉·安东内利,纽约"周围世界"(The World Around)展览馆的贝阿特丽斯·加利利(Beatrice Galilee),洛杉矶伊姆斯基金会的凯瑟琳·英斯(Catherine Ince),柏林的马蒂尔达·克日科夫斯基(Matylda Krzykowski),汉堡的图尔加·拜尔勒(Tulga Beyerle),维也纳的莉莉·霍莱因(Lilli Hollein)和阿梅丽·克莱因(Amelie Klein),以及墨西哥城的塞西莉亚·莱昂·德拉巴拉(Cecilia León de la Barra)。在人们对女性主义、性别酷儿主义以及#MeToo(我也是受害者)和#TimesUp(是结束的时候了)运动兴趣日益浓厚的今天,设计领域的性别政治正在由诸如国际性别设计网络(其总部设在德国,在全球范围内运作)等组织通过书籍和辩论的形式来探讨和倡导。

即便如此,女性似乎仍然在既定的设计领域挣扎,尤其是在工业设计领域。这可能是因为设计师在这些领域的前景主要是由男性掮客决定的,他们分配着重要的委托项目。海拉·容格里斯是迄今为止唯一一位进入顶尖工业设计师精英群体的女性,并受委托参与荷兰皇家

加布里埃尔·A. 马赫的研究揭示，在《框架》设计杂志 2012 年 11 月至 2013 年 11 月这一年的期刊中，只有 20% 的设计师为女性。

航空公司计划等雄心勃勃的项目工作。她的作品已经显著地推动了大众市场产品对质感、色彩和象征意义细微差别的关注,并成为一个重要的里程碑。她的设计风格被广泛效仿,尽管这些模仿往往缺乏她原作的严谨性和敏感性。

值得注意的是,女性在新兴的设计领域往往能更快地取得进步,因为这里没有男性守门人阻止她们担任领导角色,正如20世纪70年代穆里尔·库珀进入数字设计这一新兴领域时,也没有任何人阻碍她一样。自那以后,其他女性也接过了她的衣钵,包括软件设计师丽莎·斯特劳斯菲尔德(Lisa Strausfeld),她是库珀的学生之一,并以库珀的名字为自己的女儿命名;还有意大利的数据可视化设计师费德里卡·弗拉加帕内(Federica Fragapane)和乔治亚·卢皮(Giorgia Lupi)。社会设计是另一个女性得以蓬勃发展的迅速扩张领域,包括"无畏新阿尔卑斯"的比安卡·埃尔森鲍默,"健康故事"远程医疗公司的萨拉·赛义德·库尔拉姆和伊法特·扎法尔·阿加,以及艾米丽·皮洛顿(Emily Pilloton)和玛雅·伯德-墨菲(Maya Bird-Murphy),她们分别在女孩车库(Girls Garage)和芝加哥移动创客(Chicago Mobile Makers)等机构开设实验性课程,教授设计和制作,以提高美国经济贫困地区的生活技能。比莉基斯·阿德比伊-阿比奥拉(Bilikiss Adebiyi-Abiola)和普纳姆·比尔·卡斯图里(Poonam Bir Kasturi)[11]各自开发了有影响力的可持续设计项目,以改善尼日利亚和印度的废弃物管理。德国设计师克里斯蒂安·梅因德斯马、朱莉娅·洛曼(Julia Lohmann)以及她们的中国同行贺晶(Jing He),基于英国设计师菲奥娜·蕾比(Fiona Raby)和她的搭档安东尼·邓恩(Anthony Dunne)在观念设计领域进行早期重要工作的引领,处于该领域发展的前沿。

鉴于科技发展的迅猛步伐,以及设计过程在解决日益增多的社会经济和环境挑战中作为潜在解决方案的认可度不断提升,我们可以预见未来将有更多新兴学科涌现。这不仅为男性赋予了强大的能力，而且更应该为女性带来更大的力量，因为这将使她们能够在设计领域自由独立地工作，摆脱传统男性人际网络的束缚。

酷儿和跨性别设计师同样应当获得成长的机会。他们有望成为态度设计领域新机遇的主要受益者，并应协助我们避免更多在20世纪末期激起女性主义设计理论家愤怒的性别歧视设计。尽管当时这些批判如此尖锐，但在性别认同的诠释日益变得细腻、精致且独特的今天，它们似乎显得不再那么相关。

随着将男性和女性简单划分为二元对立的传统观念逐渐显得过时，我们更加需要能够在设计选择中自由地展现个人身份的微妙差异，而不是继续依赖那些长期维护"男性设计世界"的传统顺性别男性权威机构。

1　Gail Anderson quoted in Alice Rawsthorn, "Design Gets More Diverse," *The International Herald Tribune*, March 21, 2011. www.nytimes.com/2011/03/21/arts/21iht-DESIGN21.html.

2　Esther da Costa Meyer, "Simulated Domesticities: Perriand before Le Corbusier," in Mary McLeod (ed.), *Charlotte Perriand: An Art of Living*, Harry N. Abrams, New York 2003, p. 36–37.

3　1956年，查尔斯和蕾·伊姆斯夫妇接受了美国全国广播公司（NBC）日间杂志节目《家居》的主持人兼总编辑阿琳·弗朗西斯（Arlene Francis）的采访。这次时长12分钟的采访旨在宣传由伊姆斯夫妇为美国家具制造商赫尔曼·米勒（Herman Miller）设计的伊姆斯躺椅的发布。"America Meets Charles and Ray Eames," posted by Herman Miller on November 23, 2011, https://www.youtube.com/watch?v=IBLMoMhlAfM.

4　Shusha Guppy, "Obituary: Dame Jane Drew," *The Independent*, July 31, 1996, www.independent.co.uk/news/people/obituarydame-jane-drew-1307641.html.

5　Caroline Criado Perez, *Invisible Women: Exposing Data Bias in a World Designed for Men*, Chatto & Windus, London 2019.

6　Elizabeth Crawford, *Enterprising Women: The Garretts and their Circle* (2002), Francis Boutle Publishers, London 2009.

7　当阿格尼丝和罗达·加勒特在公共展览上展出她们的室内设计作品时，她们经常遭到具有敌意的回应，有时甚至明显带有厌女情绪。其中一位评论家刘易斯·F. 戴（Lewis F. Day）将她们在1878年巴黎世界博览会上展出的家具描述为"笨拙而无味"。他还声称她们的装置作品证明了"满足女士装饰家们的野心多么微不足道"。Annmarie Adams, *Architecture in the Family Way: Doctors, Houses and Women, 1870–1900*, McGill-Queen's University Press, Montreal and Kingston 2001, p. 151.

8　Jenny Uglow, *The Pinecone: The Story of Sarah Losh, Forgotten Romantic Heroine–Antiquarian, Architect and Visionary*, Faber and Faber, London 2012, p. 198–199.

9　通用汽车公司强势的设计总监雷·厄尔于1943年聘请海伦·罗斯（Helene Rother）作为公司首位女性设计师，以帮助选择汽车内饰的颜色和面料。两年后，第二位女性艾米·斯坦利（Amy Stanley）加入了设计团队。直到20世纪50年代中期，厄尔才招募了更多女性，她们大多是普拉特学院（Pratt Institute）工业设计专业的毕业生，通用汽车公司利用她们的存在作为宣传工具。这些"姑娘"们大多专注于汽车内饰设计，但其中4名新招募的员工被派往通用汽车子公司、家用电器公司富及第（Frigidaire），在那里她们设计了贸易展览，包括"未来厨房"。Regina Lee Blaszczyk, *The Color Revolution*, MIT Press, Cambridge, Massachusetts 2012, p. 249.

10　美国平面设计师希拉·莱万特·德布雷特维尔在洛杉矶与艺术家朱迪·芝加哥（Judy Chicago）和艺术史学家阿琳·雷文（Arlene Raven）共同创立了妇女大厦后，于1973年在该大厦内开设了女性图形设计中心，作为专为女性提供的文化和教育中心，供公众使用。

11　印度设计企业家普纳姆·比尔·卡斯图里曾在印度国立设计学院学习，她创立了Daily Dump，用一种有趣且易于接受的方式，鼓励人们将废弃物堆肥，从而减轻班加罗尔公共垃圾处理系统的压力。Daily Dump不仅设计和分发堆肥套件，还培训人们进行堆肥，并帮助类似团体在其他地方建立自己的组织。

第八章
设计的肤色问题

迪埃贝多·弗朗西斯·凯雷,甘多小学,布基纳法索甘多,2001年竣工。为图书馆设计时,凯雷在屋顶凿出圆形天窗,兼具良好的通风功能。图片由凯雷建筑事务所提供。

我在工作中一直努力追求的，就是让人们参与进来。我记得非洲革命家阿米尔卡·卡布拉尔（Amílcar Cabral）曾经说过，"你必须以一种连孩子都能理解的方式说话"。这句话让我深思，并让我决定在艺术创作中也必须以这样一种让孩子也能看懂的方式呈现，这样我的作品就能触及更广泛的受众，同时又不失去其核心意义。谈及我在黑豹党的工作，那些艺术作品并不仅仅是我个人的创作，而是我们社区共同的解读与表达。

——埃默里·道格拉斯（Emory Douglas）[1]

"什么是猪？"这个问题被印在了一张荒诞不经的图片上方，图片中一头猪拄着拐杖蹒跚而行，鼻涕横流，衣衫褴褛，四肢缠着绷带，伤口周围蚊虫飞舞。图片下方写着对这个问题的回答："这是一种本性低劣的野兽，无视法律、正义或人权；一种会反咬喂养它之手的生物；一个肮脏、堕落的中伤者，常常伪装成无辜受害者的模样。"

《战斗疲劳》（Battle Fatigue）是平面设计师埃默里·道格拉斯在美国20世纪60年代末期至70年代的民权斗争期间创作的数百幅画作之一。他作为革命艺术家，后来成为黑豹党的文化部长，创作了这幅作品。道格拉斯的作品描绘了受到种族主义者和当局暴行的受害者的勇气，这些图像被刊登在《黑豹报》（The Black Panther）上，并作为传单海报张贴在加利福尼亚州奥克兰的黑豹党基地周围。他通过独特的图形设计风格，将大胆的轮廓和色彩与不妥协的攻击性或尖锐的图像相结合，为这场运动创造了一个易识别的视觉形象。他于1967年12月绘制的《战斗疲劳》创造了一个后来成为全球压迫性治安行为的同义词——"猪"。

尽管道格拉斯天赋异禀，但他走上设计的道路却纯属偶然。在他十几岁时，因故被捕并被判在加利福尼亚州安大略的一所青年培训学校服刑15个月。在那里，他被分配到印刷车间工作，这段经历意外地为他提供了排字、版面设计和插图制作方面的速成教育。获释后，他进入旧金山城市学院学习平面设计，而那时，这所学院正处于学生抗议运动的风暴中心。道格拉斯积极投身于激进运动中，并于1967年加入了新成立的黑豹党，主动提出帮助设计其官方报纸的首刊。他一直在《黑豹报》工作，直到该报在1980年停刊。

尽管道格拉斯才华横溢且多产，尤其拥有如此传奇的故事，但他的知名度却并未如预期那般高。然而，他并未被遗忘。2007年[2]，洛杉矶当代艺术博物馆举办了道格拉斯作品的回顾展，随后纽约新美术馆也在2009年[3]举办了类似展览。这两次展览不仅确立了道格拉斯为黑豹党设计的图形作为该党"激进时尚"视觉身份的重要组成部分，还将其视为一种聪明的政治品牌化的典范。如今，他的作品已成为华盛顿特区国家非裔美国人历史与文化国家博物馆和纽约现代艺术博物馆设计藏品的一部分。

虽然埃默里·道格拉斯在美国及世界各地被认为值得加入此类展览的设计师精英群体中，但他依然显得独树一帜，这背后的原因令人沮丧——他是一名黑人。长久以来，设计界一直被视为"男性的领域"，但更准确地说，它更像是"白人男性的领域"，因为这一观点在大多数设计史书籍、展览和其他正统记载中都有所体现。

由于近年来有色人种设计师的成功，如布基纳法索建筑师迪埃贝多·弗朗西斯·凯雷及他的尼日尔当代同行玛丽亚姆·卡马拉（Mariam Kamara）、非裔美国产品设计师斯蒂芬·伯克斯（Stephen Burks），以及南非时装设计师特贝·马古古（Thebe Magugu），使这一状况的破除取得了一些进展。然而，尽管在"黑人的命也是命"运动之后，以白人为主的设计机构努力消除系统性种族主义并变得更加包容，但设计界的种族多样性仍然远低于其他大多数创意领域，甚至可能连艺术界都不如，尽管艺术界本身也面临着包容性的挑战。根据美国平面设计协会（American Institute of Graphic Arts，简称AIGA）的数据，在所有设计领域的美国设计师中，只有3%的人认同自己是黑人，这一比例远低于美国总人口中黑人的比例。[4] 同样，在北美和欧洲的设计学院中，学生群体的种族多样性也存在明显差距，尽管在这两个地区，亚裔设计师和学生的数量一直在稳步增长。

其后果是可怕的。如果设计要发挥改善人们生活质量的潜力，就必须吸引最杰出的人才，并反映出社会各个领域的细微差别、复杂性和敏感性。然而，如果设计界继续被某一特定且享有特权的群体所主导，那它如何实现这一目标呢？时装设计师格蕾丝·威尔士·邦纳（Grace Wales Bonner）通过在其作品中汲取英国牙买加身份的灵感，对其领域产生了类似的影响。而非裔美国时装设计师和艺术总监维吉尔·阿布洛（Virgil Abloh）的作品则受到了他的加纳血统和美国民权斗争政治的启发。来自纽约皇后区一个穆斯林印度家庭的穆罕默德·法亚兹（Mohammed Fayaz）的插图作品，描绘了他们所选择的同性恋和跨性别有色人种社区所展现的机智、欢乐、脆弱、强烈和乐观。那么，为什么没有更多公开知名的有色人种设计师来分享他们的观点呢？

从历史上看，原因其实很简单：有色人种设计师和其他领域的有色人种同行一样，都遭受着歧视，无论是美国制度上的种族隔离，还是个人种族主义造成的后果。诺玛·梅里克·斯卡雷克（Norma Merrick Sklarek）在1950年毕业后，成为美国首批获得建筑执业许可的黑人女性之一，但却找不到愿意雇佣她的公司。最终，她加入了纽约市公共工程局。20世纪50年代初，查尔斯·哈里森（Charles Harrison）是芝加哥艺术学院工业设计系的一名明星学生，当他申请加入零售集团西尔斯罗巴克公司（Sears Roebuck）的设计团队时，却被告知该公司有不成文的规定，禁止雇用非裔美国人。后来，他得到了一位教授的赏识，先后在芝加哥多家设计咨询公司工作，经常参与西尔斯的项目，直到1961年该公司向他伸出了橄榄枝，使他成为该公司首位非裔美国籍高管。哈里森很快被提拔为企业设计部门主管，并开发了西尔斯许多最成功的产品，直到1993年退休。

20世纪的大多数其他非裔美国设计师都在非裔美国人社区内工作。其中一些人，如道格拉斯，是激进运动的一部分，但大多数人都在非裔美国人设计公司的手工作坊内工作，这些公司由非裔美国客户委托，同时还会聘请非裔美国会计师、律师等。斯卡雷克和哈里森能够打入主流设计界，这在当时是不寻常的。

到了21世纪初，像阿布洛、邦纳、伯克斯、卡马拉、克雷和马古古这样充满活力的黑人设计师在美国和其他地方都取得了巨大的成功。我遇到的每一位非白人设计师都经历过某种形式的种族主义，从非法的歧视，到被误认为从事卑微工作。值得注意的是，一些男性将这些问题归咎于他们的年轻，而女性则对此更加敏感，不确定这些问题是由她们的年龄、种族、性别还是这三者共同触发的。很多设计师都回忆说，他们感到有必要通过比同龄白人更努力地工作来证明自己的价值，尤其是在职业生涯的初期。同样，女性更容易受到这种影响，在追求卓越的道路上也更容易感受到更大的压力。

至于设计学校，大多数学校都将黑人学生的稀缺归因于成功榜样的缺乏，这些榜样可以给有抱负的青少年信心，让他们相信自己也能在设计领域打造出一片天地。可悲的是，设计实践的竞争性质使得它成为一个相对唯才是举的领域，成功的关键往往在于天赋、魅力和努力，当然，除非受到偏见的影响，剥夺个人证明自己价值的机会。

希望随着越来越多才华横溢的有色人种设计师崭露头角，这些障碍终将消失。通过举办纪念早期黑人设计师的活动，如道格拉斯的博物馆展览，以及格伦·亚当森在2021年出版的《工艺：美国历史》

（Craft: An American History）一书中对非洲裔美国奴隶及其后代拥有的精湛工艺的详尽记述，都能够对此有所帮助。此外，关于设计与多样性的广泛讨论和研讨会，以及"黑人的命也是命"抗议活动所激发的包容性吸引策略，也都将推动这一进程。

欧洲和北美的设计多样性问题也可能随着其文化地缘政治的更广泛变化而得到缓解。20世纪，国际上对设计的主导文化影响是欧洲现代主义，它于20世纪初在东欧和中欧兴起，然后在20世纪30年代和40年代由逃避政治迫害的移民传播到世界各地。

欧洲现代主义的一个核心主题是应用新技术和理性主义设计原则，以相对较低的价格生产大量质量一致的相同物品。这种方法倾向于标准化而非多样性，倾向于拥有强大工业基础设施的富裕国家而非新兴经济体。即使后者努力使其设计文化现代化，也往往寻求西方设计师的指导——就像印度政府在20世纪50年代末期委托查尔斯和蕾·伊姆斯撰写报告那样。与在20世纪40年代初期为日本政府完成类似工作的伊姆斯夫妇和夏洛特·佩里安不同，许多西方设计师建议他们的客户采用西方的工业化模式，但结果往往令人失望，有时甚至是灾难性的。

我最喜欢的一个关于设计在解放和使得一个国家更加现代化的例子是景观设计师罗伯托·布尔勒·马克思（Roberto Burle Marx）于20世纪在巴西设计的作品。和大多数富有的巴西人一样，他在殖民时期进口的玫瑰、郁金香和其他欧洲植物中长大。直到20世纪20年代，他在柏林学习艺术时参观了植物园，才发现巴西本土植物的美丽，而他的同胞们却把这些植物当作杂草而不屑一顾。布雷·马克思的职业生涯致力于培育本土物种，其中许多是他从深入雨林的植物研究考察中带回来的，他将这些植物放在里约热内卢郊区的一个巨大的咖啡种植园圣安东尼奥达比卡（Sitio de Santo Antonio da Bica）进行研究。他把这里变成了一个生活实验室，在那里他监测着不断扩大的巴西植物收藏。他将它们种植在自己设计的甜美的热带现代主义风格的花园和公

来自"我们回收者"(Wecyclers)的一个团队正在为拉各斯的回收服务招募新人。每当人们准备好从家中收集可回收产品时,就会给"我们回收者"发短信。

园里，包括巴西新政治首都巴西利亚的政府部门，以及里约热内卢科帕卡巴纳海滩2.5英里长的欢乐木板路。布雷·马克思不仅发明了新的景观和园林设计方法，还在他史诗般的探险研究中发现了五百多种以前未知的物种，这些探险往往覆盖了数千英里，并在唤起世界对亚马逊雨林困境的关注方面发挥了重要作用。

布雷·马克思以非凡的热情和乐观态度表达了他对巴西的愿景。如今，技术进步正在逐渐削弱标准化的经济效益，因为无论是在发达经济体还是发展中经济体，它都使得雄心勃勃的建筑和工业项目能够更快、更经济、更便捷地实施，并且越来越容易根据需要进行定制。随着这一进程的加速，设计师们将能够在他们的作品中更加充分地展现其文化身份的微妙之处，包括种族特征，正如他们在表达性别时所做的一样。

在非洲、拉丁美洲和南亚，正如在北美和西欧一样，数字工具正在推动独立设计师和设计创业者群体中"态度设计"项目的增长。这些地区的一些设计师已经站在了快速发展的技术前沿，比如巴基斯坦的"健康故事"公司在远程医疗领域的开创性工作，以及非洲的互联医疗创新，包括喀麦隆的亚瑟·赞格的心电监测器"心脏平板"。同样充满创意的创业设计项目还有"我们回收者"，它由尼日利亚的设计创业者比莉基斯·阿德比伊-阿比奥拉联合创办。"我们回收者"使用特制的货运自行车和货车，在拉各斯的贫民窟中收集可回收垃圾，这些车辆设计独特，能够在拥堵的街道上灵活行驶。拉各斯的居民只需发送短信给"我们回收者"告知他们可回收物已准备好收集，就能换取购买食品、清洁用品和手机通话时间的代金券。随后，这些垃圾会被运送到拉各斯市之前利用率不高的回收工厂，进行负责任的处理。

非洲的设计文化还应通过近期对大型基础设施项目的投资得到加强。其中包括生产清洁、可再生的能源，这些能源特别有利于那些因极端气候和缺乏投资而在工业时代处于地理劣势的地区。在拉丁美洲，乌拉圭、巴拉圭和哥斯达黎加已经有超过90%的电力来自风能、太阳能和水力发电。摩洛哥和南非都对他们最近建造的太阳能发电厂有着宏伟的计划。这些项目有望通过减少这些国家对昂贵进口化石燃料的依赖，并使他们能够通过出口多余的清洁能源来创造新的收入来源，从而改变这些国家的经济。此外，这些项目还应留下设计和工程技术的遗产，这些遗产可以在其他领域得到建设性的应用。同样，非洲最具雄心的设计项目——绿化撒哈拉地区的"绿色长城"计划，也应如此。该项目有望成为未来类似规模的战略设计计划的典范，同时也是面对气候紧急状况最鼓舞人心的回应之一。

所有这些项目，无论大小，都应该激励非洲设计师开发出更加巧妙和雄心勃勃的想法，同时鼓励其他国家的同行更加敏锐和慷慨地在他们自己的设计社区中培养更强的多样性和包容性。只有这样，我们才能有信心地认为，我们正在充分利用地球上可用的设计人才。

---

1 Interviews, "Emory Douglas as Told to Courtney Yoshimura," https://www.artforum.com/words/id=64411.
2 *The Black Panther: The Revolutionary Art of Emory Douglas* exhibition was presented at The Museum of Contemporary Art in Los Angeles from October 21, 2007 to February 24, 2008.
3 *Emory Douglas: Black Panther* was presented at the New Museum, New York, from July 22 to October 18, 2009.
4 See the American Institute of Graphic Arts' report *Where Are the Black Designers?*, www.aiga.org/resources/where-are-the-black-designers.

第九章
博览会的乐趣

这张 1981 年的照片拍摄的是孟菲斯（Memphis）设计团队的创始成员坐在梅田正典（Masanori Umeda）设计的太郎屋拳击场形"对话坑"（Tawaraya boxing ring-shaped conversation pit）中，这张照片在全世界范围内发布。

我发现我周围有一种把每件事都看得太认真的职业病。我的秘诀之一就是总以玩笑应对。

——阿切勒·卡斯蒂利奥尼（Achille Castiglioni）

在拉托利亚餐厅大口品尝美味的番茄意面。坐在恩佐·马里（Enzo Mari）设计的意大利面包形状的混凝土交通路桩上歇脚。在阿切勒·卡斯蒂利奥尼博物馆中找寻阿切勒·卡斯蒂利奥尼曾经的设计工作室，那里基本保持着他离开时的样子。在城市中发现20世纪60年代地铁系统的平面设计方案的遗迹，以及弗朗哥·阿尔比尼（Franco Albini）和弗兰卡·赫尔格（Franca Helg）设计的花岗岩长椅。米兰之行有太多值得享受的东西。

当然，除了四月里的那六天，因为届时会有数十万设计师、制造商、零售商、策展人、编辑和博主涌入米兰，参加一年一度的米兰国际家具展（Salone del Mobile）。并不是说在展会期间你就无法去拉托利亚餐厅或卡斯蒂利奥尼的工作室，但那些地方会非常非常拥挤。往返米兰的火车和航班也会如此，而且酒店价格也会翻倍，甚至可能翻三倍。找到出租车或地铁座位也要凭运气，因为米兰国际家具展不仅是米兰一年中最繁忙的一周，也是全球设计日历上最繁忙的一周。

一个家具展能在超越自己领域的整个设计文化中产生如此大的影响力，这难道不奇怪吗？到目前为止，米兰成功做到了这一点，部分原因是缺乏竞争者。然而，随着设计实践和公众对设计的理解日益复杂化的今天，当许多其他设计挑战——从重建功能失调的社会服务，到保护我们免受神经机器人技术的潜在危害，这些问题对设计师和我们其他人来说是否将变得比设计桌椅更重要？

当米兰国际家具展于1961年成立时，米兰似乎是举办一场雄心勃勃的文化家具展的理想之地。它是意大利家具行业的商业中心，该展会通过委托许多原本接受过建筑师或艺术家训练的天才设计师，将该地区历史悠久的手工技能与最新的技术突破融合在一起，创造出既经过深思熟虑又极具视觉吸引力的产品，为国家在第二次世界大战后的经济复苏做出了重要贡献。

第一届展会的12000名参观者大部分是意大利人，但在20世纪60年代和70年代，更多来自远方的游客纷纷涌入，只为目睹盖·奥伦蒂（Gae Aulenti）、奇尼·博埃里（Cini Boeri）、卡斯蒂利奥尼、乔·科隆博（Joe Colombo）、马里、亚历山德罗·门迪尼、埃托·索特萨斯以及其他米兰设计师的最新创新成果。这些设计师与当地富有进取精神的制造商建立了密切的合作关系。在最好的情况下（比如卡斯蒂利奥尼与弗洛斯的合作，以及马里与达内斯的合作）能够持续多年，并创造出启迪人心的工业设计模型，这些模型既高效又迷人，且富有表现力。

1972年，纽约现代艺术博物馆通过"意大利：新的家居景观"（Italy: The New Domestic Landscape）展览宣扬了意大利家具行业将商业影响力与文化活力相结合的精湛技艺。这次展览由阿根廷建筑师埃米利奥·安巴兹（Emilio Ambasz）策展，将大规模生产的产品与佛罗伦萨前卫建筑团体"阿基佐姆"（Archizoom）和"超级工作室"（Superstudio），以及"激进设计"运动的其他成员实现的概念项目相结合展出。

将近十年后的1981年展会期间，大约有2000人聚集在Arc'74艺术画廊，参加一个新设计团体孟菲斯的家具展开幕式，该团体几个月前刚刚成立。他们设计的色彩鲜艳、造型夸张的家具照片，以及带有卡通象征意义的图片被刊登在世界各地。同样被刊登的还有埃托·索特萨斯的团队合影，他是这个团体的领袖，与一群年轻的合作者们坐在日本建筑师梅田正典设计的拳击场形状的"对话坑"中。

孟菲斯是米兰真正的杰作。这些设计师来自不同的国家,但这个项目是在埃托·索特萨斯位于圣加尔迪诺街(via San Galdino)的公寓中诞生的,家具也是由当地制造商制作的。然而,孟菲斯也是观念战胜现实的一次胜利。从概念上讲,它并没有什么新意。索特萨斯在20世纪70年代与门迪尼和其他激进设计先驱合作时,就曾尝试过相同的审美元素。孟菲斯在商业上也不成功:很少有设计作品的销量超过50件。但它的影响是巨大的。通过将激进设计的原则提炼成一种对公众有吸引力且易于接受的形式,孟菲斯不仅通过当时由门迪尼担任主编、索特萨斯担任艺术总监的《多姆斯》等设计杂志,还通过大众媒体,普及了后现代设计理论。很快,世界各地的酒吧、酒店和购物中心就出现了孟菲斯风格的仿制品。

然而,孟菲斯如此有说服力地展示了米兰国际家具展的宣传力量,却无意中使家具展陷入了对同样具有轰动效应的无尽追求。尽管像法国设计师菲利普·斯塔克(Philippe Starck)这样擅长媒体炒作的话题制造者竭尽所能,但至今仍未有任何事物能与之相提并论。斯塔克在20世纪80年代的公关噱头中曾主导了博览会的报道。1993年的另一场首秀则更为接近这一目标,当时楚格设计展示了尤尔根·贝(Jurgen Bey)、特欧·雷米(Tejo Remy)以及其他荷兰新晋设计师的作品,他们以一种更为温和且微妙的方式诠释设计,将家具视为一种概念性而非纯商业的媒介。[楚格设计的成员之一马塞尔·万德斯(Marcel Wanders)试图将两者融合,并超越斯塔克,他在照片中戴着一个滑稽的红鼻子,并在2005年米兰家具展期间举办了一场派对。在派对上,他几乎赤裸的女朋友为宾客斟满香槟,同时在他新推出的吊灯下倒挂着为他喂葡萄。]

从那以后,每年四月,世界各地雄心勃勃的年轻产品设计师都会涌向米兰,希望通过在展会上展示自己的作品来开启自己的职业生涯。

有一次，我看到几个瑞士学生在一个交通岛上布置了一场即兴表演，还看到一位年轻的米兰灯光设计师费德里科·安吉（Federico Angi）在他叔叔的木工作坊的窗户上做着同样的事情。

无论米兰国际家具展的未来能否继续保有那份独特的吸引力，它依然矗立在那里，作为商业界的巨擘，上千个展位紧密排列在米兰西郊罗霍的米兰国际展览中心那宏伟的大厅之中。漫步在这些展厅之中，可能会让人感到疲惫不堪，正如穿梭在米兰拥挤的街道上前去参加那些偏远的周边活动一样费力。许多活动似乎与家具或设计的本质相去甚远，更像是精心策划的营销手段，因此米兰国际家具展也被戏称为"米兰国际营销盛会"。然而，总有一些东西让米兰之行变得意义非凡，可能是发现了一款令人心动的新产品，也可能是像"小穹顶室"（Alcova）这样的展览所带来的惊喜。"小穹顶室"是由研究机构"太空鱼子酱"（Space Caviar）与"Vedét工作室"（Studio Vedét）联手打造的，它在米兰的各个隐秘角落展示了前沿的实验性设计项目。尽管如此，米兰国际家具展的影响力已不复当年之盛。

自21世纪00年代末期以来，米兰国际家具展的参观人数稳步增长，直至信贷紧缩引发的全球房地产市场崩溃。随后，阿泰克（Artek）、卡佩里尼（Cappellini）、卡西纳（Cassina）、弗洛斯（Flos）、波尔图纳·弗拉（Poltrona Frau）等欧洲知名制造商相继易主。米兰国际家具展本身的参观人数从2008年的348452人下降到次年的278000人，随后缓慢回升，但直到2017年，参观人数才接近2008年的水平。[1]然而，米兰的媒体影响力持续增长，为"营销"这一展会元素提供了源源不断的动力，同时也重新定义了米兰国际家具展在家具行业中的角色，该行业越来越将其视为展示新理念的舞台。如果在米兰的反馈是积极的，那么这些原型就会被开发成完整的产品，其中许多产品将在次年一月的德国科隆国际家具展（imm cologne furniture fair）上出售。

设计师们经常抱怨制造商为了引起媒体的关注而把未完成的原型

匆忙送到展览上,而展后如果这些原型没有投入生产(通常情况如此),又会再次引发设计师的抱怨。即使投入生产,设计师的版税也往往少得可怜:大多数制造商仍然拒绝支付超过3%的标准税率,这一税率标准可以追溯到卡斯蒂利奥尼的鼎盛时期。很少有设计师能像爱德华·巴伯(Edward Barber)和杰伊·奥斯格比(Jay Osgerby),罗南·布鲁勒克和埃尔万·布鲁勒克(Ronan and Erwan Bouroullec),妮帕·多希(Nipa Doshi)和乔纳森·莱文(Jonathan Levien),以及康士坦丁·葛里克(Konstantin Grcic)、海拉·容格里斯、贾斯珀·莫里森(Jasper Morrison)、菲利普·斯塔克和帕奇希娅·奥奇拉(Patricia Urquiola)那样从版税中获得丰厚收入。他们将自己在展览上的曝光率转化为工业生产委托的可能性甚至更小,就像容格里斯为荷兰皇家航空公司设计的机舱一样。

米兰家具展已经成为非常引人注目但定位却越来越模糊的活动之一,就像威尔士边境的海伊文学节(Hay Festival),佛罗里达州迈阿密海滩的巴塞尔艺术展(Art Base),以及加利福尼亚州的柯契拉音乐节(Coachella)一样,其持续发展的动力既得益于其宣传能力,也归功于其在原有领域的重要性。(海伊文学节的书籍,迈阿密海滩巴塞尔艺术展的当代艺术,以及柯契拉音乐节的音乐。)问题在于,米兰国际家具展的官方角色是贸易博览会(兼品牌狂欢),而非设计论坛,且两者之间的关系正在日趋紧张。

在20世纪,这两个角色都是可持续的,当时家具(特别是椅子)占据的文化空间比其他设计领域要大,这就是为什么许多设计博物馆都摆满了它们,以及为什么椅子在设计拍卖会上能拍出最高价的原因。在设计创新倾向于关注实物的时代,椅子是一种雄辩的媒介,通过它可以追溯到影响着大多数设计领域的美学、技术、人口、政治和其他领域的变化。家具的文化地位也因其与建筑的联系而得到加强。从历史上看,每当建筑师在自己的领域之外参与设计时,成果往往是一把椅子，这无疑是沃尔特·格罗皮乌斯、勒·柯布西耶、密斯·凡德罗、赫尔曼·穆特修斯（Hermann Muthesius）以及其他建筑师们如此专注于椅子的原因。尽管他们中的许多人都将家具设计的大部分或全部工作委托给了自己的同事，而且往往是女性同事。就像勒·柯布西耶委托夏洛特·佩里安，密斯·凡德罗委托莉莉·赖希设计的那样。建筑师出身的策展人制作并组织了开创性的设计展览和博物馆藏品，比如纽约现代艺术博物馆的菲利普·约翰逊。在这种背景下，为什么家具展不能在整个设计文化中产生更广泛的影响，尤其是与孟菲斯和楚格等标志性设计的首次亮相相关的家具展？

同样有助于米兰国际家具展的是新兴室内设计媒体的支持，这些媒体的大部分广告收入都依赖于参展商，因此他们得益于展会的持续成功。但是，通过主流媒体对设计的描述，米兰国际家具展无意中强化了设计的流行刻板印象，即设计是一种肤浅的、充满消费主义色彩的风格化工具。

米兰国际家具展并非孤例，同样的问题也无意间出现在由展会、画廊和拍卖行构成的"设计艺术"市场中。艺术的文化价值和商业价值之间一直存在偏差，但在设计领域，这种偏差更为明显。设计是一个相对较小、发展尚不成熟的行业，拥有较少成熟且知识丰富的收藏家。20世纪设计市场充斥着各种怪象：从将勒·柯布西耶在印度昌迪加尔和艾哈迈达巴德等城市设计的公共建筑上拆除的家具和配件出售给不明真相或漠不关心的西方收藏家，到让毕生致力于大众设计的让·普鲁维成为超级富豪最喜爱的家具设计师的残酷讽刺。但当代市场更加扭曲，因为"设计"一词通常指的是那些视觉上引人注目、价格高昂但往往不切实际的家具。难怪公众对设计这一复杂领域的认知，往往被媒体对又一把形状奇特的椅子在拍卖会上创下新纪录的报道所主导。

这并不是一个新问题。早在1967年，英国设计史学家雷纳·班纳姆就在政治期刊《新社会》（New Society）上发表文章，抨击了他所说的"家具化"现象。"家具化最严重的灾区就位于人类屁股下面，"班纳姆写道，"现在就检查一下你屁股下面的区域，它很可能被一件与其功能不相称、过于繁复且无论如何都不舒适的物品所占据。"[2] 尽管当时家具化现象就很猖獗，但自米兰家具展在孟菲斯之后蜕变为米兰国际家具展，以及20世纪90年代末"设计艺术"热潮的开始以来，这一现象变得更加严重。

相反，设计的其他领域变得越来越注重态度——多元化、雄心勃勃、知识动态和政治参与。米兰国际家具展期间，在空置的工厂和仓库中举办的最有趣的学生展览内容就体现了这一变化。10年前，许多学生似乎都打算效仿万德斯，将自己定位为"迷你版斯塔克"（mini-Starcks）；而现在，他们更有可能渴望为气候紧急状况做出有意义的贡献，或重新定义设计对性别的诠释。当这么多可能更有趣的选择摆在他们面前时，他们为什么会选择将职业生涯奉献给生产更多的椅子和桌子呢？自"楚格"首次亮相以来，设计领域发生了翻天覆地的变化，更不用说"孟菲斯"了，因此很难想象未来家具的发展能产生类似的文化影响，尤其是随着设计学校将重点从长期运行的产品和家具设计课程转移到当前的社会、环境或可持续设计以及人道主义建筑等关注点上。未来，家具设计专业的毕业生将会减少，他们很可能会把时间花在研究如何让我们在下一代数字制造系统上定制椅子，而不是开发这些物体本身。

米兰国际家具展期间举办的周边展览，如阿尔科瓦（Alcova）和芬兰策展人安妮娜·科伊伍（Anniina Koivu）对"无处不在的产品"（如接头系统和葡萄酒瓶）的研究，都探讨了这些新的设计挑战。但是，家具展对他们来说并不一定是一个有共鸣或有效的论坛，这增加了他们可能迁移到其他地方的可能性。正如科隆国际家具展已经成为米兰国际家具展的强大商业竞争对手一样，许多小型但充满活力的文化活动在设计界也变得越来越有影响力，如卢布尔雅那设计双年展（Ljubljana Design Biennial）和伊斯坦布尔设计双年展（Istanbul Design Biennale），北京设计周（Beijing Design Week）和维也纳设计周（Vienna Design Week），以及在埃因霍温举行的日益受欢迎的荷兰设计周（Dutch Design Week）。家具行业也在尝试设计的文化维度，尤其是在由赫尔佐格与德梅隆（Herzog & de Meuron）、SANAA建筑设计事务所、阿尔瓦罗·西扎（Alvaro Siza）、弗兰克·盖里（Frank Gehry）和已故的扎哈·哈迪德（Zaha Hadid）在瑞士和德国边境魏尔河畔的维特拉生产基地设计的建筑公园。每年有数十万"设计游客"参观该基地，以欣赏那里的建筑和引人入胜的附加设施，包括皮特·奥多夫（Piet Oudolf）设计的花园，让·普鲁维的加油站、测地线圆顶，贾斯珀·莫里森的公交车站，以及维特拉设计博物馆的展览。

　　这些努力都没有像米兰设计周那样吸引如此多的观众和媒体关注，也没有像其他城市通过提出令人信服的竞标来主办这一顶级年度设计盛会，尽管如果荷兰设计周保持当前的发展势头，埃因霍温还是有机会的。即便如此，对那些现在可能并未出现在米兰国际家具展官方议程上，但却多年来为其带来诸多声誉和活力的有争议的设计项目，提供了更多可能更合适的平台选择。

1　http://www.salonemilano.it/en/media/comunicati-stampa.html.
2　Reyner Banham, "Chairs as Art," *New Society*, April 20, 1967.

2014年4月,在米兰设计周期间,意大利设计师兼制造商马蒂诺·甘珀尔在文艺复兴百货公司(La Rinascente department store)外召集了一些修工匠、修理工、修补匠和筹划者,参加了"在维修状态"(*In a State of Repair*)展览。

第十章

选择，选择，选择

由克里斯·利尔本伯格·哈尔斯特罗姆（Chris Liljenberg Halstrøm）为斯卡格拉克（Skagerak）设计的乔治凳（Georg stool），设计巧妙、外观优雅，也是一次关于性别流动性的微妙而雄辩的设计实验。

信息时代之后是选择的时代。

——查尔斯·伊姆斯（Charles Eames）[1]

在艾米·马林斯（Aimee Mullins）16岁时，医生给她装了一双新的小腿。它们由编织的碳纤维制成，比她之前穿的木塑复合假肢更轻、更结实，而且更容易穿上，穿起来不那么痛苦，也不容易脱落。到目前为止，一切都很好，除了那些腿是男女通用的，而且外面包着厚厚的泡沫，并且只有两种颜色可供选择：一种叫"白种人色"，另一种叫"非白种人色"。

那是在1992年，如今马林斯可以选择的假肢种类更多了。其中包括4对硅胶义肢，每一对都是按照她的规格专门设计的。另外3对则配有适合穿2英寸、3英寸和4英寸高跟鞋的脚型。不过这双腿也马上过时了，因为她最新配备的假肢具有可调节的脚踝。在徒步旅行时，马林斯会穿装有减震器的碳纤维垂直减震支柱（Vertical Shock Pylon，简称VSP）假肢；而在游泳时，她会穿上一双旧的VSP假肢，通过在套筒上钻孔让水排出，并将脚踝附近的旧减震器换成脚蹼。这些只是她在洛杉矶家中可以选择的假肢。[2] 其他为她特别设计的假肢，包括她在艺术家马修·巴尼（Matthew Barney）2002年的电影《悬丝3》（CREMASTER 3）中穿过的透明聚氨酯假肢，都被小心保存在档案中。

拥有如此多样化的下肢选择，为马林斯铺就了一条成为演员、模特、运动员和活动家的职业道路。然而，这些假肢之所以能够存在，大多得益于她投入在设计上的时间与精力，以及她成功说服了与她合作的假肢师、生物机电工程师、设计师、美容师和艺术家们共同投入。如果马林斯当初接受了为她提供的标准化假肢——在"白种人色"或

"非白种人色"之间进行唯一的选择——那么她的生活轨迹将截然不同。通过深入参与设计过程,马林斯自然而然地扮演了一个"态度设计师"的角色,确保了自己能够拥有更多、更好的选择。她的尝试不仅为自己赋予了力量,也为数百万其他人带来了福祉,因为他们的假肢随后得到了更好的设计,更加符合他们的需求和愿望。

选择将成为未来设计的决定性因素。随着我们的个人身份变得更加微妙和独特,我们将希望像马林斯那样,对生活许多方面的设计做出越来越复杂和细致的选择。同时,我们也将拥有更多实现这一目标所需的科技工具。如果设计是为了满足我们的需求和愿望,就必须找到新的方式来供我们选择,尽管这需要设计实践发生根本性的转变。

到目前为止,许多重要的设计创新都只有有限的选择,要么是在它们的制作方式上,要么是在它们的应用方式上。这并不是说选择是不受欢迎的——事实正好相反,但往往为了效率、速度、经济、便利性和包容性等其他追求,选择被认为是次要的或可牺牲的。这解释了为什么标准化在设计历史中占据了如此重要的地位。

早在公元前3世纪,秦国的少年国王嬴政击败了富有、强大的邻国,建立强大的中国帝国,其统一性的武器设计是一个决定性因素。当时,武器都是手工制作的,规格不一。嬴政坚持要求他军队中的所有长矛、斧头、匕首和箭矢都按照相同的模板设计,所有设计都旨在使其尽可能致命。在此之前,如果弓箭手用完了箭矢,他们无法将同伴的箭矢用在自己的弓上发射。统一箭矢规格解决了这个问题,嬴政那支可怕而高效的军队也因此屡战屡胜。[3] 18世纪末,法国枪械师奥诺雷·布朗克(Honoré Blanc)的工作坊也采用了类似的设计原则。当时,年轻的美国外交官托马斯·杰斐逊(Thomas Jefferson)在访问布朗克时深受启发,以至于他提交了一份报告,敦促美国新建工厂采用相同的系统。[4]

标准化也被用于更具同理心的目的。以美国东海岸震颤教村落的墓地为例，这些村落是在1774年由激进贵格会派别"基督第二次降临信徒联合团体"（也称为震颤教）的领袖修女安·李（Ann Lee）与8名追随者为逃避英国的政治和宗教迫害而逃到那里后建立的。公正、平等和谦逊是震颤教文化的核心要素，这些要素在村落及其内容的设计中得到了体现，其中最感人至深的是墓地，那里的每一块墓碑在尺寸和形状上都完全相同，体现了谦逊和平等的精神。

在震颤教教徒自给自足的领地之外，标准化设计成为工业革命的基石。它被有进取心的工匠在手工艺生产中规模化应用，比如奥克尼的木匠大卫·柯克尼斯（David Kirkness），他设计了4款椅子，这些椅子是由资源丰富的岛民用漂流木和种植主要农作物燕麦后剩下的稻草制作的。他的椅子框架被设计成便于在他的作坊中生产的样式，而椅子的座和背则由其他奥克尼人编织，他们大多在完成白天的工作后于夜间进行编织。柯克尼斯卖出了超过14000把他的奥克尼椅子，其中包括卖给艺术家奥古斯都·约翰（Augustus John）的1把。

到20世纪初，以弗雷德里克·温斯洛·泰勒（Frederick Winslow Taylor）为首的管理理论家们提倡从设计开始，对制造过程的每一个方面进行标准化。[5]泰勒的追随者之一是底特律汽车制造商亨利·福特（Henry Ford）。他发现福特生产过程中最耗时的部分是等待油漆干燥，于是他鼓励销售团队推广黑色汽车，因为黑色是干燥最快的颜色。他的"承诺"是"任何顾客都可以选择他想要的任何颜色，只要是黑色的"，这成为严格统一的福特大规模制造模式的口号，并在20世纪被全球广泛采用，且随着越来越严格的健康和安全法规而得到强化。

在20世纪50年代和60年代，并非所有人都对标准化和全球化持积极态度。法国导演雅克·塔蒂（Jacques Tati）通过他的电影对这些现象进行了讽刺，认为标准化剥夺了事物的灵魂。为了拍摄1967年的电影《玩乐时间》（*Playtime*），塔蒂不惜花费数百万法郎，在巴黎郊外精心打造了一座微缩城市，其中包括两座摩天大楼、一座发电厂，以及配备实际交通灯的公路。在这座城市中，他让困惑的平凡主角于洛先生（Monsieur Hulot）在千篇一律的建筑中迷失方向，以此展现他对标准化世界的讽刺。然而，当这座被称为"塔蒂维尔"（Tativille）的布景在风暴中受损时，塔蒂不得不大量借贷进行修复。遗憾的是，这部电影并未获得预期的成功，最终导致70岁的塔蒂宣布破产。

尽管标准化设计可能显得缺乏灵魂，但它通过提供更安全、更坚固和更可靠的产品和服务，改变了数十亿人的生活。正如查尔斯·伊姆斯所言，标准化设计甚至赢得了现代运动的青睐，因为它实现了"以最少的成本为最多的人提供最好的服务"。然而，并非所有事物都实现了标准化。富人仍然可以拥有专为他们设计和制造的东西，而穷人则别无选择。但在20世纪的大部分时间里，个人特质被视为对贫穷、教育程度低下的前工业文化的倒退。进入21世纪之初，一致性开始被妖魔化，并与单调乏味联系在一起，而在最坏的情况下，则与劳动剥削和环境破坏有关。

理解这一点并不难。首先，工业化对人类和生态造成的破坏是一个不容忽视的残酷事实，特别是在2020年的转折点之后，历史上第一次，人类活动创造的人工物质总量超过了自然产生的生物质。其次，即使是最基本的数字技术也使我们能够拥有更多的选择：通过互联网导航，从自己喜欢的网站中提取信息；决定视频游戏的结果；在社交媒体上修饰我们的个人形象。电视选秀节目、改造节目和抖音的表情包也贡献了一份力量，向我们展示了科技带来的诱人前景，就像整形广告一样。这些变化促使我们在生活的其他方面也期待能有更多的选择，个人身份的政治也随之演变，人们开始主张以他们希望的方式在种族、性别和其他因素上定义自己。鉴于我们对自我的认知在未来似乎会变得更加具有多样性，设计也必须适应这种变化来帮助我们清晰且安全地表达自己。

几个世纪以来，一些设计学科已经成功地做到了这一点，特别是那些可以通过轻松、廉价地定制以表达从个人偏好与政治诉求的领域，比如时尚和平面设计。当西尔维娅·潘克赫斯特（Sylvia Pankhurst）在20世纪初负责设计英国妇女选举权运动的视觉标识时，她注意到许多工人阶级成员买不起徽章或饰带。她的解决方案是选择颜色编码作为标识：白色代表纯洁，紫色代表尊严，绿色代表希望。富裕的女性主义者购买了这些颜色的横幅或帽针来从经济上支持这场运动，而其他人则可以通过使用这些颜色的布料碎片或缎带进行即兴创作。20世纪60年代，非裔美国民权运动者也采用了类似的外观编码策略：从将头发留成自然的爆炸头，到穿着达什基（dashikis），即一种用源自西非、图案丰富的肯特布制成的宽松衬衫。每一个元素都经过精心挑选，以表明穿戴者拒绝迎合白人刻板印象，转而尊重自己的非洲血统。虽然这些变化与那些政治斗争相比可能显得微不足道，但近年来的一些变化，如化妆品和表情符号中不断扩大的肤色范围，却为将这些运动的遗产扩展到主流领域做出了微薄的贡献，使我们能够尽可能广泛地表达各种身份。

在设计领域中，有些部分实现个性化显得尤为艰难，尤其是工业设计项目，它们严重依赖于标准化来实现生产数字设备或厨房电器时所需的规模经济效应，同时保持价格亲民。现在，我们聚焦于个人身份中一个极具争议的话题——性别，来探讨如何克服这些障碍。避免传统性别刻板印象（如"男性"产品通常被设计为比"女性"产品更适合高大强壮的人）的一种策略，是将产品设计成可组合的零件套装，用户可以根据自己的需求以不同方式组合这些零件。法国设计师罗南和埃尔万·布鲁勒克兄弟在他们的模块化座椅、屏风、办公家具和厨房设计中，就巧妙地展现了这一点。这些产品通过添加或移除组件，可以灵活地调整大小和功能，从而满足不同用户的需求。尽管布鲁勒克兄弟在设计时并未直接考虑性别政治，但他们所创造的大规模生产产品的灵活性，却间接地回应了这一议题。

这位来自布鲁克林的插画家穆罕默德·法亚兹描绘了他所选择的跨性别有色人种社区中各种成员的生活和特质,这是 2021 年为布鲁克林解放"跨性别青年行动"创作的海报。

第十章 选择,选择,选择

许多设计师都在直接回应性别问题，包括丹麦-瑞典家具设计师克里斯·利尔本伯格·哈尔斯特罗姆，他制作的产品具有中性美学，并开放给个人解读。哈尔斯特罗姆的设计过程始于想象产品的使用方式，而不是考虑性别。他避免使用醒目的颜色、形状、符号和其他视觉提示，因为它们常常充满刻板印象。相反，哈尔斯特罗姆通过质地来赋予物品特征，因为他认为我们的触觉不太可能受到性别的影响。哈尔斯特罗姆为丹麦家具制造商斯卡格拉克设计的乔治凳由覆盖着丰富纹理织物的枕头和木质底座组成。每个使用者都可以根据自己的需要调整枕头，在调整的过程中，他们会发现触摸织物的乐趣，并感受到织物纹理与木材光滑度之间的对比。

并不是每个人都会这样解读乔治凳。哈尔斯特罗姆的这款凳子因其作为家具的坚固性、舒适度和优雅度等传统优点而赢得了多个主流设计奖项，而非因为其颠覆了性别刻板印象。此外，中性化并非唯一能够实现对性别进行灵活和多元解读的产品设计理念。插画师穆罕默德·法亚兹通过强调在诸如布鲁克林解放和纽约市反暴力项目（New York City Anti-Violence Project）等激进组织所使用的图形中，有色酷儿和跨性别者角色之间微妙或非微妙的差异，证明了这一点。他以此方式赞美每个人独特的个性，并温柔地鼓励他人珍视自己的独特之处。

澳大利亚设计师加布里埃尔·A.马赫在设计研究项目中也采用了类似的方法，他试验新的服装和家具类型，让每个人都可以选择如何解读它们，同时也挑战有关性别的陈词滥调。托卡博卡（Toca Boca）儿童教育游戏应用程序的瑞典设计师也是如此，他们努力避免刻板印象，呈现出对性别的流动描述。游戏中托卡美发沙龙的客户既包括传统男性和女性角色，也包括一些性别认同模棱两可的人。游戏中在托卡实验室工作的科学家也是同样的设定，实验室的设计也与临床实验室非常不同，有着鲜艳的奶油色和柔软、模糊的形状，甚至描述游戏的文本都写得充满了解放的精神。来看看《托卡赛车》（Toca Cars）驾驶游戏的描述："系好安全带，朋友们！在《托卡赛车》中，你可以做你觉得对的事。这些道路上没有规则。穿过大块的冰淇淋水坑，飞身跃入湖中，或者堆起一大堆房屋、交通灯和邮箱，然后直接驶过……"

未来的技术飞跃将使我们能够通过自己定制物品和环境来拥有更大的设计选择权，主要的催化剂将是越来越复杂和人们能够负担得起的数字制造系统的发展，例如3D打印。随着这些技术变得更加精细，它们将能够快速和准确地制造整个或部分物体，从而使得单独生产成为可能，并根据它们的色调、纹理、饰面和形状进行个性化制作。在这样的过程中，将实现由20世纪末激进的设计理论家如德国活动家约亨·格罗斯（Jochen Gros）倡导的"批量定制"愿景。《经济学人》早已预测了未来，在这个未来中，每个地方社区都会拥有自己的3D打印店，当地人可以在这里制作新的个性化物品，以及修理或改造现有物品，就像他们的祖先曾经将物品交给村庄铁匠铺一样。[6]我们应该能够用相同的3D打印车门替换凹陷的车门，并选择反映我们的性别认同动态或其他属性的物品细节，就像我们可以轻松地选择服装一样。

我们是否愿意行使如此高度的选择权呢？很容易理解为什么艾米·马林斯会希望设计定制的3D打印义肢，或者为什么关节炎患者可能会从使用更容易握持的方向盘中受益。但是，其他人是否也愿意在设计上投入如此多的精力？有些人可能不会，正如并非每个人都想自己做饭或缝制衣物一样。然而，编织马拉松、创客图书馆、陶艺课程、"自学编程"工具（如仅售35美元的树莓派小型可编程计算机）和低技术视频游戏发布平台（如Twine）的流行，都表明有许多人愿意这样做。Twine已经使得设计师能够在他们的游戏中深入探讨非常个人化的问题，包括性别认同，这是波彭廷（Porpentine）设计的《我希望我所有的朋友都变得无比强大》（*All I Want Is For All Of My Friends To Become Insanely Powerful*）[7]和泰勒·拉斯特（Taylor Last）设计的《太空缓解器》（*Space Alleviator*）等游戏作品的核心主题。[8]

如果我们中有越来越多的人参与到设计中来，那么设计师们的角色将如何定位呢？一些人将继续以传统的方式工作，但其他人将重新定义他们的角色，以帮助我们做出设计决策，而不是代替我们去做。至关重要的是，他们还必须学会如何作为设计过程的引导者。在这个看似拥有无限设计选择的时代，选择正确的设计比以往任何时候都更加重要。

1　Carla Hartman, Eames Demetrios (eds.), *100 Quotes by Charles Eames*, Eames Office, Santa Monica, California 2007.

2　艾米·马林斯（1976年生）是一位出生于美国的演员、模特和运动员，她在1996年佐治亚州亚特兰大举行的残奥会上，在100米、200米和跳远项目中创造了三项世界纪录。马林斯是双侧截肢者，她天生就没有双腿的腓骨，在满一岁时接受了膝盖以下截肢手术。作为模特，她与已故英国时装设计师亚历山大·麦昆紧密合作。她还与艺术家马修·巴尼建立了密切的合作关系，并出演了他的多部影片，包括《悬丝3》（2002年）和《重生之河》（2014年）。马林斯还出演了多部故事片和电视剧，包括《怪奇物语》（2016年和2017年）和《开发者》（2020年）。

3　Robin D.S. Yates, "The Rise of Qin and the Military Conquest of the Warring Sstates," in Jane Portal (ed.), *The First Emperor: China's Terracotta Army*, The British Museum Press, London 2007, p. 31.

4　John Heskett, *Industrial Design*, Thames & Hudson, London 1980, p. 50.

5　Frederick Winslow Taylor, *The Principles of Scientific Management* (1911), Dover Publications, Mineola, New York 2003.

6　"Print me a Stradivarius," *The Economist*, February 12, 2011, www.economist.com/node/18114327.

7　Laura Hudson, "Twine, the Video-Game Technology for All," *The New York Times Magazine*, November 19, 2014, https://www.nytimes.com/2014/11/23/magazine/twine-the-video-game-technology-for-all.html.

8　See https://www.youtube.com/watch?v=AQxdNbzTn3E.

这款托卡实验室教育游戏应用程序由托卡博卡设计,旨在消除性别刻板印象,让孩子们能够自由选择自己的外表和活动。

第十一章
失控

荷兰奥斯特沃尔德镇的奥斯特路交叉口被汉斯·蒙德曼（Hans Monderman）改造成了一条共享街道。在这里，驾驶员、骑自行车的人和行人可以混行，通过非正式的社会规则而不是正式的交通规则来协商他们的路权。移除了路缘石，因此人行道和道路之间没有明显的物理界限。像这样的共享街道的理论是，当人们觉得某种情况可能不安全时，他们会保持警惕，并降低速度，从而更不容易发生事故。

对不起，戴夫，我恐怕做不到。

——哈尔9000（HAL 9000）[1]

伦敦地铁曾经被誉为现代设计的典范，尽管对于那些遭受伦敦地铁延误、拥挤的车厢、损坏的电梯以及其他缺点的人来说这可能令人困惑。在其富有远见的总经理弗兰克·皮克（Frank Pick）的领导下，地铁不仅在20世纪初向乘客展示了现代主义建筑和平面设计，还率先推出了电动售票机、自动扶梯和气动列车门等机械创新。唯一的问题是，许多乘客都害怕使用这些设备。

皮克和他的同事们对此非常担心，于是在1937年委托莫霍利-纳吉设计海报，用来解释为什么这些新奇装置不像人们想象的那么可怕。由于害怕受到迫害，莫霍利-纳吉从纳粹德国逃到了伦敦，作为一名移民，他不得不靠从事商业设计工作勉强维持生计。他的一张海报上有一个令人安心的标题"您即将乘坐自动扶梯列车"，海报上是木制扶梯插图，上面的剖面图显示了"开始下降"和"正在下降"时内部机械的样子，并用一个简短的文字描述了它是如何工作的。

《您即将乘坐自动扶梯列车》这幅海报实现了设计中最重要却往往被忽视的一个作用：消除人们的恐惧，帮助人们适应日常生活中物流方式的变化。皮克另一项富有灵感的设计委托是哈里·贝克（Harry Beck）于1933年绘制的伦敦地铁地图，这张地图让困惑的乘客能够比使用地理地图更高效地穿梭于错综复杂的地铁网络中。同样，莫霍利-纳吉的海报也鼓励人们相信，他们可以从站台轻松地乘坐自动扶梯到达出口，而不是注定要因为担心摔倒或被机器缠住而感到恐慌。这两种设计都通过让人们能够理解的方式使人们有信心将控制权交给一个

第十一章 失控

可能令人生畏的创新设计上。

　　如今，控制仍然是设计中的一个极其关键的因素，但我们对它的看法正在发生根本性的变化。我们现在使用的许多技术都非常强大且复杂，而且这种趋势在未来还将加剧，因此，任何试图让我们相信自己可以完全控制它们的想法都是不切实际的。在神经形态计算、量子计算、生物信息学、光子学、增强现实、人工智能、云计算、智慧城市等快速发展的技术领域中，这些技术正逐渐渗透到我们生活的方方面面。因此，新的设计挑战在于如何确保这些技术的控制真正符合我们的最佳利益，因为它们将改善我们的生活，而不是带来负面影响。

　　要实现这一目标，设计文化需要发生根本性的转变，因为帮助我们拥有掌控力是过去许多设计成功的重要驱动力。以路标系统为例，这些系统让驾驶者能够在新建的道路和高速公路上快速、安全地行驶，比如20世纪50年代和60年代末期[2]，由英国的乔克·金尼尔（Jock Kinneir）和玛格丽特·卡尔弗特（Margaret Calvert）设计的路标系统，这些系统还帮助航空旅客在新开放机场复杂的布局中导航。[3]或者，以人们操作汽车、录音机、电视机、计算机和智能手机的用户界面软件为例。当这些软件设计得足够智能时，它们能够使数百万人克服对新事物的恐惧；如果设计得不好，结果可能会令人恼火，正如雅克·塔蒂（Jacques Tati）在1958年的电影《我的舅舅》（Mon Oncle）中饰演的倒霉的于洛先生，在参观他弟弟的超现代住宅时所发现的那样，住宅中的未来主义小玩意一个接一个地出现故障，从无法控制的无缘无故开开关关的电子车库门，到令人费解的厨房用具。

　　设计师们经常试图通过采用拟物化设计来让我们接受新事物，暗示这些新事物与我们熟悉的事物并没有太大的不同。莫霍利-纳吉海报中的木质自动扶梯外壳就是一个早期的例子，它将那些新颖的机械楼梯伪装成传统的木质楼梯。同样的逻辑解释了为什么我们在老式的QWERTY键盘上向计算机输入指令，以及为什么那么多智能手机和平板电脑屏幕上的应用程序都使用书籍、相机、信件和其他正在被取代的模拟对象的图像来进行标识。

现在,设计师们需要开发新的策略。因为我们已经变得非常擅长解码一些旧的设计策略,以至于它们变得不那么有效了。关于拟物化设计的激烈争论表明,越来越多的人对使用数字设备充满信心,以至于我们不仅认为这些线索是多余的,而且在所谓的最先进的手机上看到用纸质信封代表的电子邮件应用程序和电话听筒代表的电话时,还会觉得这是一种屈尊俯就的态度。

我们对设计策略的反应也在发生变化,这些设计策略曾经成功地帮助我们应对驾驶或骑行等危险情况。为什么在标志、白线、减速带和其他"缓解交通"标志被取消之后,道路上的事故反而更少了?是不是因为如果驾驶者失去了道路是安全的错觉,他们往往会减速,变得更加警惕?又为什么城市里发生在交通灯处的交通事故比其他地方都多?有一种理论认为,司机和骑自行车的人都已经习惯了交通灯,以至于他们会把注意力集中在交通灯上,而不是交通上,并常常错误地认为其他人也会遵守规则。

荷兰交通工程师汉斯·蒙德曼在20世纪80年代和90年代提出了一些针对这一问题最具建设性的回应。蒙德曼相信,提倡让司机运用常识和智慧比应用大量标志更安全。他运用自己作为土木工程师和事故调查员的经验,设计了他认为完全不需要任何控制的"裸街"和"共享空间"。他在荷兰的实验成功地减少了超速、拥堵和事故,之后,类似的设计在新"裸街"中也被重新采用,并同样取得了成效,如奥地利格拉茨市的松嫩费尔德广场(Sonnenfelsplatz)和伦敦维多利亚与阿尔伯特博物馆旁的展览路(Exhibition Road)(坦白地说,由于伦敦的展览路上缺乏标识带给我的困惑,让我在这条路上开车时比在传统街道上更加谨慎。)。

重新赋予个体掌控权可能是当前有效的道路安全设计策略,但在

第十一章 失控

鼓励我们参与最新一波变革性技术方面却行不通。十年前看起来如同幻想一般的事物现在无处不在：从增强现实系统到无人机监控设备和物联网设备。计算机技术也发生了变化。几十年来，该领域的发展一直由处理能力的提升所驱动，但如今，人们将焦点更多地放在设计更智能的软件上，比如使用人工智能来模拟人脑行为的深度学习程序。一个例子是AlphaGo程序，它由英国软件开发商DeepMind设计，用于玩棋盘游戏围棋，并经常击败顶尖的人类棋手。深度学习软件还有助于计算机识别面部和声音、跨语言翻译、预测人们对不同形式网络内容的反应，以及就我们的性取向等高度私密问题做出假设。

新型计算机将使用量子力学进行更快速的计算，并采用高度复杂的神经形态技术，该技术以动物大脑中的神经元为模型。人们还将设计专门的芯片来帮助计算机变得更加精细和准确。随着云计算的持续增长和无线系统的未来发展，更广泛的连通性将实现这一目标。

然而，这些创新的前景尚不明朗。有些创新可能会通过创造更多选择来让我们获得更大的控制权。比如，即使我们住在偏远地区，也不必担心无法获得医疗服务，因为我们可以使用像"健康故事"远程医疗公司提供的互联设备来评估我们的医疗状况。但其他技术似乎注定会导致我们放弃对生活中许多方面的控制权，如果这些技术出现故障，无论是由于设计缺陷还是其他缺陷，都可能导致灾难性的后果。

让我们以即将实现的一项创新技术为例：无人驾驶汽车。我们将如何看待这些车辆？它们是否将把我们从拥堵的烦恼中解脱出来，让我们不再受困于车流之中？还是它们会剥夺我们在开阔道路上疾驰的快感？我们是否认为它们能够保护我们，使我们免受醉酒、粗心、疲惫或疯狂的驾驶者所引发的事故风险？还是我们担心它们会成为恐怖分子的目标，被劫持为远程控制的爆炸装置，从而对我们构成威胁？此外，当数十万计的司机因此失业时，这将带来怎样的社会和经济后果？而他们个人以及他们的家庭又将面临怎样的影响？

放弃对行驶中车辆的控制可能带来的潜在风险如此严重，以至于旧式的、家长式的设计策略显然不再适用。最理想的情况是，设计在无人驾驶汽车开发的最早阶段就能发挥基础性作用，以确保能够正确识别和评估可能的风险和回报，从而化解风险并增强回报。这一原则也适用于无人驾驶交通系统中其他所有元素的设计：从道路结构和行人的新安全措施到制定定期测试系统，以确保在技术出现故障时，人类能够重新控制车辆并安全驾驶。此外，设计还可以在确定如何建设性地重新部署所有失业司机方面发挥重要作用。

同样，为了让我们对将控制权交给其他技术感到放心，也需要进行全面而深入的设计。监视无人机是否会通过提高预测和预防恐怖袭击及其他犯罪的可能性来使我们更加安全，还是会对我们的隐私和自由构成另一种威胁？智能家居的数字管理系统是否会将我们从日常琐事中解放出来，还是它们会使我们面临身份盗用和系统崩溃的更大风险？当我们面临紧急的个人事务，如健康问题或重要的政治决策（包括政府资金和资源的分配）时，我们是否能够信任人工智能代表我们做出关键判断？我们如何确保这些技术收集的个人数据永远不会被滥用？

有充分的理由让我们对这种情况表示担忧。以人工智能为例，它已经证明了自身在执行实际任务方面的实用性：从组装汽车和采摘覆盆子到进行手术操作。但是，它也催生了监视系统中令人恐惧的新型人权侵犯工具，这些工具可能会被压迫性政权所利用，同时也给我们带来了迫切需要设计解决方案的复杂交叉问题。其中一些问题已得到广泛认可，而其他一些可能更具威胁性的问题则隐藏在显而易见的地方。一个常见的抱怨是人工智能的不准确性，小到会导致机器人分拣站将包裹发送到错误地址的相对不便，大到生物识别监视系统错误识别导致的错误逮捕或拘留的噩梦。正如凯特·克劳福德（Kate Crawford）在2021年出版的《人工智能地图集》（*Atlas of AI*）一书中所解释的那样，导致这些错误发生的一个常见原因是使用现有数据来编程和测试人工智能软件，因为这会延续历史性的价值观和行为，包括系统性的种族主义和性别歧视。[4]这就是为什么最有可能被生物识别监视软件准确识别的人往往是白人男性，因为他们的信息在数据集中占主导地位。在肤色、性别或酷儿身份方面的任何变化，有时甚至包括面部毛发，都会增加错误识别的可能性。

技术风险的规模已经发生了翻天覆地的变化：从雅克·塔蒂的经典电影《我的舅舅》中出故障的车库门，到斯坦利·库布里克（Stanley Kubrick）1968年的科幻巨制《2001太空漫游》（*2001: A Space Odyssey*）中几乎无所不能的电脑HAL 9000背叛人类的惊悚场景。HAL 9000在利用人工智能读取两名宇航员讨论限制其权力的对话后失控，并带来了毁灭性的后果。当你想到类似的编程缺陷在我们生活的各个方面越来越多地受到技术控制从而可能造成的破坏时，将《2001太空漫游》中的太空船作为类比就显得尤为贴切。对于那些生活在被数字广泛控制的智能城市环境中的人来说，风险将进一步加剧。尤其是因为许多设计用于运营这些场所的系统将基于"量化自我"程序提供的数据，这些程序通过研究我们过去的行为来预测我们未来的需求和愿望。然而，这样做也存在着重复当前由人工智能数据偏见引起的问题的风险，但规模将更为庞大，后果也将更加严重。更为严峻的是自主武器构成的威胁。这些快速发展的由人工智能控制的系统已经在军事冲突中得到应用，如以色列的"铁穹"防御导弹拦截器在识别、跟踪和拦截导弹方面非常有效。尽管在光线良好、天气稳定的条件下，该防御导弹拦截器也可能表现出色，但与其他自主武器一样，当遇到原始数据集中未包含的地点或人员，或在不稳定的条件下，其准确性可能会降低。[5]如果发生这种情况，就有可能将无敌军的民用建筑误认为军事基础设施，从而引发灾难性的后果。也有人担心，由于政客们可能会认为机器人比人类更容易替代，他们可能会增长发动战争的意愿，同时不用担心公众对战斗中军事人员死亡的强烈抗议，而不是寻求非暴力解决争端的方法。

　　原则上，设计可以通过评估强大的新技术的潜在优势和劣势来帮助我们化解这些威胁，但也需要应对这些新技术可能引发的道德困境。一个既有的例子是斯诺智能婴儿床（Snoo smart crib），它由旧金山设计团队福斯设计与美国著名儿科医生哈维·卡普（Harvey Karp）博士合作设计。斯诺智能婴儿床结合了传感器、机器人技术和其他形式的人工智能，通过监测婴儿的行为，并在婴儿需要时包裹、安抚或摇晃他们，以帮助婴儿入睡。此外，它还能通过让婴儿保持安全的睡眠姿势来防止他们翻身导致窒息，降低婴儿猝死综合征的风险。理论认为，婴儿和照顾者都将从高质量的睡眠中受益，否则，照顾者可能会被脾气暴躁、疲惫不堪的婴儿的哭声吵醒，或者因为担心婴儿猝死综合征的风险而感到压力，从而面临睡眠不足的风险。福斯设计的创始人、瑞士设计师伊夫·贝哈尔（Yves Béhar）对斯诺智能婴儿床如此有信心，以至于他自己的孩子在婴儿时期就睡在这款产品中，而该产品也取得了巨大的商业成功。但并不是每个人都认为由人工智能来决定婴儿的睡眠模式符合婴儿的最佳利益。

　　在斯诺智能婴儿床发布后不久，我在instagram上发布了关于它的消息，简单地说明了它的内容和设计目的。随之而来的是一场激烈的辩论。有些人喜欢这个想法，并形容斯诺智能婴儿床"太棒了""很聪明"，有人希望"他们几年前就发明了它"；另一些人则不这么认为，并批评斯诺智能婴儿床"残忍""可怕""恐怖"，甚至有人指责斯诺智能婴儿床"虐待儿童"。斯诺智能婴儿床的拥趸们对利用技术帮助婴儿入睡的想法表示欢迎，但批评者们对这种前景感到震惊。他们中的一些人怀疑技术是否能像人类一样照顾婴儿，并对其可能存在的暗示感到愤怒。另一些人回忆起安抚自己孩子入睡的快乐回忆，并认为其他父母和看护人放弃自己和孩子的这种快乐是愚蠢的。许多斯诺智能婴

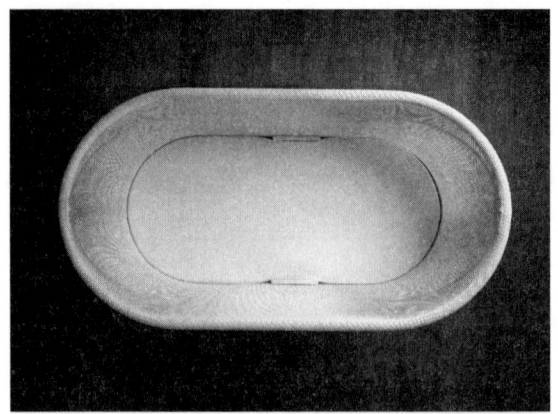

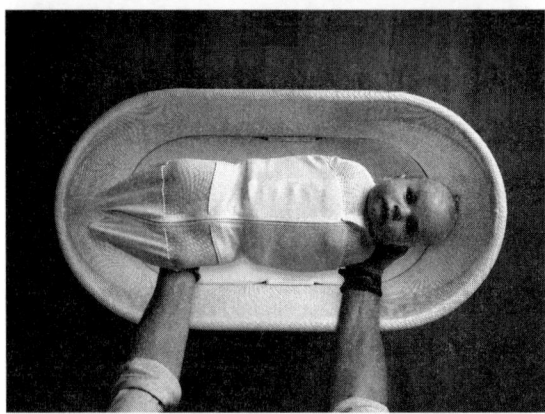

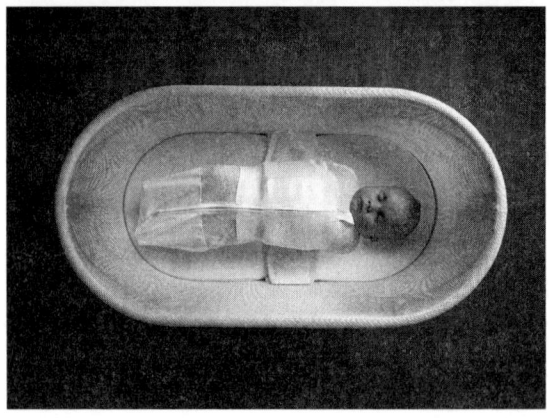

斯诺智能婴儿床是由福斯设计和儿科医生哈维·卡普博士设计的，它使用人工智能和传感器来监控婴儿，并安抚婴儿入睡。

儿床的批评者担心，机器人婴儿床可能会助长草率的育儿方式。通过将人工智能引入儿童保育领域，斯诺智能婴儿床是一个非常有争议的案例。很明显，无论是斯诺智能婴儿床支持者还是反对者都没有提到使用机器人婴儿床的另一个可能的好处：它可以保护婴儿免受由疲惫、生病、醉酒、吸毒、无能或疏忽的人照顾的风险。相比之下，保护我们免受完全相同问题后果的可能性经常被引述为无人驾驶汽车的一个重要潜在好处。未来其他新技术的设计应用可能会像斯诺智能婴儿床一样引发争议，因为它们会促使我们质疑自己的信仰、我们理想的生活方式，以及我们希望用技术控制生活的程度。

这些冲突将因人们对科技行业政治格局的日益关注而加剧，尤其是以亚马逊、苹果、脸书母公司Meta、谷歌和微软为代表的超级富豪公司对关键平台所有权的集中所产生的影响，美国科幻作家布鲁斯·斯特林（Bruce Sterling）将这些公司称为"科技巨头"。[6] 从万维网设计师蒂姆·伯纳斯-李（Tim Berners-Lee）构想的民主系统，到每个人——无论是大型企业还是6岁儿童——都可以平等访问，再到如今日益不透明的现象，其中不到1/5的内容是自由可访问的，其余的都隐藏在脸书和其他科技巨头的算法高墙之后，或被无法无天的暗网所劫持，这一过程仅仅用了1/4个世纪多一点的时间。推动连接性增长的云数据存储技术的所有权仅由6家公司主导：美国的亚马逊、谷歌和微软，以及中国的阿里巴巴、百度和腾讯。仅亚马逊一家公司就拥有全球1/3以上的云计算能力。

尽管这些问题都令人生畏，但它们也提供了展示设计解决问题的潜力的机会。当进步的设计师致力于应对这些挑战并更加折中和包容地工作时，他们通过与其他特殊领域的合作来解决复杂的问题。任何从一开始就怀疑将设计融入新技术开发是否明智的人都应该考虑一下2016年的争议，当时美国法律系学生、反枪支管制活动家科迪·威尔逊（Cody Wilson）在网上发布了3D打印枪支的设计模板。他的目的是

第十一章 失控

要证明他认为在这个时代，对枪支所有权施加法律限制是徒劳的，未经许可的武器可以在很快就会广泛普及的技术上被制造出来。在完全无意中，他也提供了一个警世故事，展示了设计不当的技术所带来的危险，这些技术的后果尚未得到充分考虑，就像库布里克在电影中对 HAL 9000 所做的那样。

---

1 *2001: A Space Odysssey* (1968, dir. Stanley Kubrick).
2 Christopher Breward, Ghislaine Wood (eds.), *British Design from 1948: Innovation in the Modern Age*, exh. cat., V&A Publishing, London 2012, p. 87–89.
3 20 世纪晚期最具影响力的机场标识设计案例包括瑞士设计师阿德里安·弗鲁提格（Adrian Frutiger）在巴黎附近的罗西（现为戴高乐机场）所做的作品，以及荷兰设计师本诺·维辛（Benno Wissing）的作品。维辛于 1962 年受委托为阿姆斯特丹史基浦机场设计标识。在史基浦项目期间，维辛与平面设计师维姆·克劳韦尔（Wim Crouwel）和工业设计师弗里索·克莱默（Friso Kramer）共同创立了跨学科设计团体"全面设计"（Total Design）。
4 Kate Crawford, *Atlas of AI*, Yale University Press, New Haven, Connecticut 2021.
5 Arthur Holland, *Known Unknowns: Data Issues and Military Autonomous Systems*, May 17, 2021, UNIDIR, Geneva, https://unidir.org/known-unknowns.
6 The WELL: State of the World 2013: Bruce Sterling and Jon Lebowsky, https://people.well.com/conf/inkwell.vue/topics/459/State-of-the-World-2013-Bruce-St-page01.html.

第十二章
设计与欲望

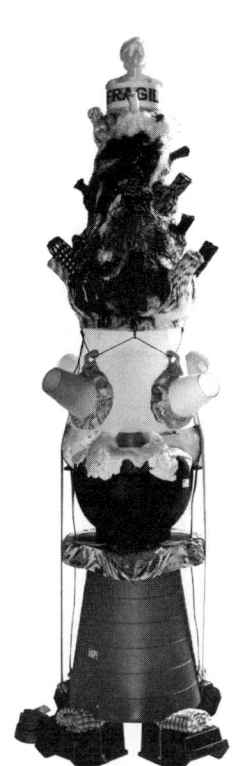

中国设计师贺晶开展了她的研究项目"郁金香金字塔"(Tulip Pyramid, 2016年),以探索中国新的设计身份的建设,以及抄袭在其中所起的作用。

有太多糟糕的设计了。

——海拉·容格里斯[1]

这里有一个行李箱，但遗憾的是，它并不是一个制作精良的行李箱，消费者咨询委员会在将其提交给英国标准协会进行7项测试后发现，该行李箱在5项测试中均被评为"差"。它不仅在日常使用中漏水，而且内衬撕裂，金属配件生锈，把手脱落。那么，设计评论家雷纳·班纳姆在1961年《新政治家》(New Statesman)杂志中问道，为什么由政府资助的设计质量仲裁机构——工业设计委员会（CID），会决定将这个缺陷如此明显的产品列入其"批准"的设计项目名单中呢？[2]

班纳姆认为，答案在于工业设计委员会在做出判断时仅基于美学标准，而没有测试更重要的品质，如效率和可靠性。当然，这样做是错误的，而且班纳姆指出，"有品位的垃圾依旧是垃圾"。[3]这句话所蕴含的智慧，在时间的洗礼下，似乎变得更加深刻。无论我们如何改变对"有品位"的定义，有品位的垃圾从本质上来说，始终无法摆脱其作为垃圾的本质。同样地，这种观念也适用于我们对垃圾本身的认识。

这对于设计而言意味着什么，以及我们对于设计中可取与不可取的部分又有何看法？纵观历史，我们对理想设计的定义一直是由多种品质组合而成的，但这些品质具体是什么，以及它们之间的联系是什么，却一直在不断变化。其他领域也发生了类似的品位转变，但设计领域的变化速度却异常之快，并且很快还将进一步加速。

在理想的设计中，实用性始终占据着不可或缺的核心地位。若一个设计项目无法有效实现其功能，甚至无法高效运作，那么它又如何能吸引我们的目光呢？无论它拥有多少其他优点，我们都难以对其产生真正的兴趣，这就是为什么数码打印机经常位列世界各地愤怒发泄室中人们最想摧毁的产品清单之首。再来看一个设计上的例子，它虽在审美上尚可接受，但在实用性上却大打折扣——这就是由伦敦希瑟维克工作室（Heatherwick Studio）设计的双层混合动力鲍里斯巴士。这款巴士于2012年推出，被誉为新路霸巴士，它试图以节能的方式重新诠释1954年那款深受伦敦市民喜爱的经典"路霸"（Routemaster）巴士。托马斯·希瑟维克及其团队巧妙地设计了这款新车，其昵称"鲍里斯巴士"是对彼时伦敦市长鲍里斯·约翰逊（Boris Johnson）的致敬。通过巧妙的设计，他们在不损害其现代感的同时加入了对"路霸"充满感情的风格元素。然而，遗憾的是，这款巴士的工程设计质量却未能与其外观设计相匹配。这就是为什么伦敦的街道上很快就遍布了抛锚的鲍里斯巴士，而其他巴士则不得不使用对环境有害的柴油发动机，因为它们的电池已经报废了。就像其滑稽可笑的名字一样，"鲍里斯巴士"——或者"烤霸"（Roastmaster），这是那些在过热上层车厢中汗流浃背的乘客给它起的绰号，这款巴士并未能兑现其夸大其词的承诺，成为一款名不副实的设计作品。

即使一个设计项目能够高效地实现其功能，但如果它没有实现我们珍视的价值，那么它也不能被视为理想的设计。还记得谷歌眼镜吗？或许你不记得了，尽管这是近年来宣传力度最大的新产品之一。谷歌对它所认为的这项令人炫目的创新技术如此着迷——一款可以通过语音命令控制的附带智能手机的眼镜，以至于它以为我们其他人也会有同样的感受。一个问题是，谷歌眼镜并没能让人们比在手机上做更多的事情。另一个问题是潜在的法律问题，比如未经他人允许就拍摄他们是否构成侵犯隐私。谷歌眼镜很快就被人们轻蔑地看待，佩戴者甚至被戏称为"眼镜侠"。其销售情况非常惨淡，以至于谷歌眼镜在首次亮相后不到两年就停止了生产。[4]

最近，另一种品质作为理想设计中不可或缺的成分加入了实用性之中——那就是正直性。换句话说，如果我们对设计项目任何方面的道德或生态影响有任何不适，无论是从开发、测试和制造，还是分销、销售和营销，以及它最终将如何被处理和回收，那么我们就很难将其视为理想之选。

得益于弗拉米尼奥·贝尔托尼（Flaminio Bertoni）富有灵感的造型设计和安德烈·勒菲布夫尔（André Lefèbvre）精湛的工程设计，经典的雪铁龙DS 19轿车如今对我们来说依然魅力十足，就像1955年罗兰·巴特（Roland Barthes）将其昵称为"女神"（la déesse）时一样。（在法语中，字母D和S的发音听起来像"女神"这个词。）但如今，我们对DS 19的任何喜爱都会因为我们知道这种年代久远的汽车很可能是一个环境定时炸弹而大打折扣。

同样的逻辑也适用于我们怀疑的那些新车，它们可能并未达到应有的能效标准（尽管没有任何车辆能像"女神"那样迷人，但这只是我们的美好愿望）。此外，对于那些制造商被指控存在用工问题和生态疏漏的数字设备，我们也不应盲目接受。当我们得知苹果的代工厂存在不安全的工作环境和低薪问题时，我们很难再像以往那样满怀乐观和热情地看待iPhone或iPad，即使你最终还是决定购买一部——无论是因为你怀疑苹果的竞争对手在道德上与其并无太大差异，还是因为你不想因为更换品牌而带来不便——由于你对其正直程度的疑虑，这部新玩意儿可能就不再那么吸引人了。[相比之下，使用像公平手机（Fairphone）这样可持续生产的智能手机的乐趣则是纯粹且不受影响的。[5]]

其他设计项目可能会因判断失误而牺牲其正直性。时尚界尤其容易出现这种情况。巴宝莉（Burberry）在2019年的时装秀上展示了一件带有类似套索形状领带的连帽衫，在社交媒体上引起了轩然大波；纪梵希（Givenchy）在2021年也因使用带有同样冒犯性符号的项链而遭遇同样情况。[6]同样，在国际妇女节推出的"杰出女性"芭比娃娃系列中，美泰（Mattel）公司设计的弗里达·卡罗（Frida Kahlo）芭比娃娃也因其设计上的瑕疵而饱受批评。卡罗作为一位极具影响力的墨西哥艺术家，她勇敢地应对了交通事故造成的残疾，拒绝剃掉她的单眉，并通过服装彰显自己的特瓦纳(Tehuana)血统，从而挑战了性别和民族刻板印象。然而，美泰公司推出的卡罗芭比娃娃却并未忠实再现这些特点，这个娃娃既缺乏单眉的特征也没有体现出残疾的痕迹，穿着也过于欧洲化。这一设计失误引发了卡罗继承人的强烈不满，他们最终起诉了美泰公司，迫使其将这款芭比娃娃撤下销售，直到其设计得到卡罗遗产管理人的认可为止。[7]

正直同样体现在设计的目的之上。如果缺乏正直的设计目的，那么无论设计本身具有何种优点，它都不可能被视为可取，甚至无法被接受。以近期兴起的"防御性设计"项目为例：在新建的昂贵公寓楼周围布满闪闪发光的金属尖刺，其目的显然是为了阻止无家可归者在那里栖息；又或者是在加来港和火车站周围设置恶意的刀片刺网围栏，以防止绝望的难民从法国逃往英国。尽管这些设计在达成其特定功能上取得了成功，但它们残酷的目的却使它们无可救药地令人反感。

我们与设计的感官特性的关系也变得越来越复杂，这些感官特性虽然不是理想设计所必需的，但却极大地提升了设计的美感。尽管设计纯粹主义者们一直在努力，但很多人仍然认为这是大多数设计活动中最重要的方面，即它们的外观。

我们的视觉敏感度如同历史长河中的设计潮流一般，不断经历着变化。从20世纪20年代"机械时代"的单色几何形状，到第二次世界大战后抚慰人心的曲线与质朴色调的流行，再到90年代设计师们利用新设计软件创造的流动"团块"，以及苹果产品标志性的白色与银色极简千禧年美学，这些设计原型在初次亮相时或许都显得格格不入，但随着时间的推移，它们逐渐变得和谐而贴切。如今，这种模式正在被超现实的复杂形状所重复，这些形状经常被杂乱无章地拼凑在一起，

公平手机的装配线,这是一款模块化智能手机,由同名的荷兰社会企业设计,尽可能符合道德和环保标准。

形成不协调的拼贴画，从而唤起数字文化的视觉混乱感。

这些看似不可能的形状，如同团块一样，是新技术设计实验的产物，特别是得益于那些能够创造出既复杂又精确的形状的数字制造系统。以中国设计师贺晶在2016年创作的《郁金香金字塔》为例，她试图定义中国的新设计身份以及模仿其中的角色。为此，她邀请了5位年轻的中国设计师，让他们各自设计两层郁金香金字塔的结构，类似于17世纪荷兰陶器厂所开发的那些产品。设计规格通过3D打印技术实现，随后将这些设计成果拼接成一件作品。这件作品的极端复杂性，恰如其分地映射出了中国消费主义的狂热现象。[8]

同样复杂且令人印象深刻的形状，也可以通过更为简单的方式创造出来。英国设计师麦克斯·兰姆（Max Lamb）便是一个很好的例子，他巧妙地运用石匠凿子，将厚重的石膏块雕刻成他为1882 Ltd公司设计的骨瓷碗和杯子系列"餐具"的模型。尽管凿子通常被认为过于笨重，不适合精细地雕刻石膏，但凿子赋予了兰姆的产品一种原始、随意的气息，这种气息曾经看起来可能很笨拙，但现在却显得引人入胜。

"餐具"系列那奇特、参差不齐的轮廓，触及了设计吸引力中另一个日益重要的元素：独特性。尽管餐具系列中的每一件同类物品都与其他物品相同，但从不同的角度和光线中看，每一件都显得别具一格。在这个数字化制造日益发展的时代，个性化成为可能，使得个性变得越来越吸引人。即便如"餐具"系列所展现的那样，这种个性可能只是一种错觉，但它却是一个令人信服的错觉。

与此同时，数字技术的普及正让我们渴望其他感官设计品质所带来的亲密感和真实性，比如触觉。我们通过触摸屏控制如此多数字产品的经验，使我们对质地的微妙之处和触摸带来的愉悦感变得更加敏感。克里斯·利尔本伯格·哈尔斯特罗姆通过在海格凳（Georg stool）上将纹理丰富的布料与光滑的木材并置，展示了这一点；而麦克斯·兰姆则通过餐具系列中短促而有力的轮廓，都展示了这一点。

即便如此，触控在设计领域还是一个新兴领域。我们本能地知道它有多么强大。触摸太湿、太干、太尖、太粗糙或太滑的东西会让人感到惊恐，而愉悦的触感会让人感到开心。然而，我们描述触感的词汇有限，这反映出对这一主题缺乏科学研究。亚当·戈普尼克（Adam Gopnik）在《纽约客》杂志2016年的一篇文章中指出，在过去的半个世纪里，关于视觉科学的研究论文与关于触觉的研究论文的比例是50比1。但这种情况正在改变。神经科学家大卫·林登（David Linden）告诉戈普尼克，过去10年间，关于触觉分子和细胞基础的研究论文比上一个世纪还要多，这应该有助于设计师更巧妙地使用触觉，而我们其他人也能更好地感受触觉的微妙之处。[9]

因为触觉在未来设计中将占据更重要的地位，尤其是随着增强现实软件能够复制触觉感受和复杂的视觉效果，因此触觉在定义我们对设计的反应、设计的吸引力方面将变得越来越重要。同样的情况也可能适用于其他长期被忽视的感官品质，如气味；以及由自然现象所带来的难以捉摸但强烈的感受，比如葡萄牙建筑师西尔维娅·贝内迪托（Silvia Benedito）将气候、湿度和空间中的光线所形成的感受描述为"氛围"。[10]

然而，所有这些感官因素都正面临一个重大挑战，即20世纪工业设计中关于设计的定义（也是英国工业设计委员会中像班纳姆的反对者那样的机构审美制定者的口头禅）"形式追随功能"或美国建筑师路易斯·沙利文（Louis Sullivan）于1896年提出的"形式永远追随功能"[11]正在逐渐失去其影响力。但随着晶体管尺寸的不断缩小，计算能力的飞速提升，一个物体的物理形态应该由其功能来决定的观念，在多个设计领域中已变得不再那么重要。因为仅凭外观或触摸，我们无法猜出像智能手机这样小巧而神秘的东西能够执行成百上千种不同的任务。

那么，在决定是否喜欢使用这款智能设备时，哪个因素更为关键？是它的外观，还是它的易用性和高效性？答案显然是后者。无论你对手机的外观设计多么喜爱，如果它的使用体验令人沮丧或困难重重，那么这种喜爱也很难持久。随着用户界面软件等无形设计元素的重要性日益凸显，虽然它们并不会使设计的物理维度变得无关紧要，但在决定设计的吸引力方面，其物理外观可能会变得相对不那么重要。

这并不是一件坏事。从历史上看，设计面临的最大问题之一就是它经常与造型相混淆，并被视为一种肤浅的媒介，这种媒介只关注物体或空间的视觉方面，而忽略了其他一切。同样有害的是，人们假定设计的造型手段主要是为了商业目的，通过欺骗大众为那些价值可疑、很快就会和其他不可回收的有毒垃圾一起被丢弃在拥挤的垃圾填埋场中的东西支付过高的费用。早在1971年，美国设计活动家维克多·帕帕奈克（Victor Papanek）就在他的《为真实世界而设计》一书的序言中指责工业设计师"设计出了危险的不安全汽车，导致人员伤亡，创造了全新的永久性垃圾种类，污染了我们的环境，选择了污染我们呼吸的空气的材料和工艺"，从而使他们成为"一个危险的群体"。[12]

随着触觉、功能性和道德性等设计品质的重要性日益增加，应当打破那些陈旧的观念，并促使更多人逐渐形成对设计及其潜在价值的更为多元和深入的理解。这些设计品质在多个方面使我们的生活变得更加理想，其中尤为重要的是，它们能够促使我们减少垃圾消费，无论这些垃圾是否具有品位。

1　Hella Jongerius speaking at the Design Indaba 2015 conference in Cape Town, South Africa, on February 25, 2015.

2　Nigel Whiteley, *Reyner Banham: Historian of the Immediate Future*, MIT Press, Cambridge, Massachusetts 2002, p. 312–313.

3　Reyner Banham, "H.M. Fashion House," *New Statesman*, January 27, 1961.

4　The original Google Glass was quietly reinvented for industrial use. Steven Levy, "Google Glass 2.0 Is a Startling Second Act," *Wired*, July 18, 2017. https://www.wired.com/story/google-glass-2-is-here/.

5　公平手机是一家荷兰社会企业，其智能手机设计坚固耐用，并且以道德为基础，采用负责任采购的材料制成，其中许多是回收材料。公平手机拒绝在其产品中使用冲突矿产，并采用了从以前的冲突地区采购金属和其他材料的政策。

6　Morwena Ferrier, "Burberry's noose hoodie is part of a shameful fashion tradition," *The Guardian*, February 22, 2019, www.theguardian.com/commentisfree/2019/feb/22/burberry-noose-hoodie-fashion-racism-diverse-industry.

7　"Mexican court blocks sales of Frida Kahlo Barbie doll," *The Guardian*, April 20, 2018, see www.theguardian.com/artanddesign/2018/apr/20/frida-kahlo-barbie-doll-mexicoinjunction.

8　在 2016 年埃因霍温设计学院（Design Academy Eindhoven）的毕业项目中，贺晶邀请了 5 位来自不同学科的中国设计师——贺荣凯、郭城、李维伊、邢当当和杨大威——让他们各自通过反思自己设计中创新与模仿的历史，设计两层当代版郁金香金字塔。这种金字塔是 17 世纪在荷兰发明的。她自己也设计了一座金字塔，灵感来自她对 5 位当代荷兰设计师作品的解读。贺晶，《郁金香金字塔——复制与身份》，埃因霍温设计学院，埃因霍温，2016 年。

9　Adam Gopnik, "Feel Me: What the New Science of Touch Says about Ourselves," *The New Yorker*, May 16, 2016, https://www.newyorker.com/magazine/2016/05/16/what-the-science-of-touch-says-about-us.

10　Silvia Benedito, *Atmosphere Anatomies: On Design, Weather, and Sensation*, Lars Müller Publishers, Zurich 2021.

11　Louis H. Sullivan, "The Tall Office Building Artistically Considered," *Lippincott's Magazine*, March 1896.

12　Victor Papanek, *Design for the Real World: Human Ecology and Social Change* (1971), Academy Chicago Publishers, Chicago, Illinois 1985, p. ix.

第十三章
当最坏的情况发生时

由荷兰资助的乌鲁兹甘省冲突后建设项目之一,位于阿富汗偏远地区,扬·威廉·彼得森 (Jan Willem Petersen) 对此进行了分析,以评估其是否适合其目的。

关于地球号宇宙飞船,有一个至关重要的事实,那就是它并未附带任何操作手册。

——巴克敏斯特·富勒[1]

荷兰建筑师扬·威廉·彼得森在筹备他的沉浸式设计研究项目时,不仅深入研究了阿富汗中部那片荒凉地区的政治和地理状况,还精心准备了在那里生活和工作数月所需的全部装备。此外,他还努力学习当地语言,以确保能够更好地融入并理解当地的文化与环境。

他的目的地是乌鲁兹甘省,一个长期饱受战争摧残的地区。自2006年北约国际安全援助部队接管该地区后,荷兰政府启动了乌鲁兹甘特遣部队项目,这是一个为期4年的宏伟计划,旨在设计并建造一系列基础设施,包括新的学校、医院、道路、桥梁、清真寺、工厂、监狱以及机场,以重建和振兴这片饱经战火的土地。

彼得森的研究目标聚焦于这些项目,旨在评估它们在竣工数年后对当地产生的实际影响,并确认它们是否有效地发挥了预期的功能。通过深入研究,他发现仅有20%的项目达到了预期效果,30%的项目存在严重的缺陷,而另外50%则几乎无法正常运作。这些项目普遍失败的一个重要原因在于,西方的设计师们对当地的实际情况了解不足。以阿里·希拉扎伊村为例,该村仅有3500名居民,儿童数量稀少,却计划建造5所学校,结果这些学校建成后无人使用,如今已荒废破败。[2]

彼得森在准备任务时展现出了极高的严谨性,他的行为方式与其说是传统设计师的作风,不如说更像是那些为了研究而深入当地生活的人类学家,或是嵌入军队前线、提供第一手报道的战地记者。他打破常规之处,在于没有将设计技能直接用于开发新的基础设施,而是用于分析其他设计师作品的有效性,并探索未来如何改进类似项目的设计。政府在冲突后的重建工作中投入了大量资金,但投资国却鲜少见到实际成果。此外,这类项目的分析工作大多由发展经济学家或审计师承担,他们虽然擅长在各自领域内发现并纠正错误,但可能会忽略那些可能引发严重问题的设计缺陷,正如彼得森提交给荷兰政府的300页报告所证实的那样。[3] 而且,他们也不太可能像彼得森这样敏锐且富有创造力的设计师一样,能够设计出巧妙的策略来避免类似问题的再次发生。

尽管彼得森的发现令人痛心,但考虑到当前与灾害相关的设计活动激增,他的研究成果显得尤为及时且重要。这些活动范围广泛,从如乌鲁兹甘特遣部队这样庞大的、由公共资金资助的重建项目,到非政府组织和个人设计活动家为解决社会、环境和人道主义挑战所做的努力,其中许多挑战因新冠疫情而变得更加严峻。这些努力都怀有崇高的目标,吸引了当今许多最勇敢、最具活力的设计师参与其中。然而,鉴于在动荡、危险的环境中工作的政治敏感性,以及失败可能带来的灾难性后果,我们必须确保这些项目以尽可能高的标准进行规划和执行。

并不是说所有设计在应对灾害方面的尝试都失败了:历史上一些最伟大的设计成就正源于此。弗洛伦斯·南丁格尔在19世纪末发起的医疗保健运动至今仍对医院设计产生着影响。同样,位于印度拉贾斯坦邦农村地区蒂洛尼亚的社会工作研究中心(昵称"赤足学院")的赤足建筑师事务所(Barefoot Architects)所执行的"无家可归者之家"(Homes for the Homeless)计划也惠及了数千人。除了建造学院校园外,赤足建筑师事务所还在蒂洛尼亚各地设计并建造了学校、社区中心和住宅,他们使用了传统的建筑材料,并回收了牛车、水泵和拖拉机上的部件。1998年,飓风米奇席卷了中美洲和南美洲的广大地区,严重破坏了水资源供应。当时,在该地区为非营利组织"和平陶艺家"(Potters for Peace)工作的波多黎各设计活动家罗恩·里维拉(Ron Rivera)设立了陶器工坊，用来制作由危地马拉化学家费尔南多·马萨里戈斯（Fernando Mazariegos）设计的陶瓷水过滤器。在接下来的10年里，里维拉在拉丁美洲、亚洲和非洲的缺水地区建立了30家过滤器工厂，并培训了数百名当地陶工制作他称之为"生物大规模杀伤性武器"的过滤器。

然而，这些运动对设计作为商业造型工具的刻板印象几乎没有影响。在20世纪，设计界在不知不觉中助长了这一现象，他们在政府资助的倡议中采取乐观的态度，倡导设计作为经济催化剂的角色，使制造商能够提高其产品的质量，从而推动出口、就业和盈利。这些官方的支持者不仅意识到他们的资金来自何处，而且其中许多人认为，设计作为一门相对较新的学科，如果与看似简单的特质相关联，就更有可能赢得公众和政治的支持。随着公众对设计的理解日益深入，这种鼓吹式的宣传可能会产生适得其反的效果。此外，新一代设计师，他们具有政治参与意识和生态意识，决心将他们的技能投入他们所信仰的事业中，正如南丁格尔、赤足建筑师事务所、里维拉和马萨里戈斯等先驱所做的那样。

至关重要的是，如今的设计活动家们能够充分利用新的数字工具和资金，这些工具和资金极大地推动了态度设计的兴起。在他们的工作中，针对自己国家以及其他国家所发生的人为和自然灾害设计解决方案，已经成为一个核心主题。

当然，问题一直存在。设计活动的政治复杂性，与经济发展、社会学和任何旨在为资源匮乏的弱势群体所解决严重问题的领域一样，都是极具挑战性的。人道主义建筑组织（Architecture for Humanity）在21世纪初建立了一个全球性的设计师网络，专注于救灾项目，但最终还是遭遇了财务困境。其他项目也因其自身的夸大宣传而饱受困扰，包括"每童一电脑"（One Laptop Per Child, OLPC）项目，该项目旨在通过设计一款售价低于100美元的教育笔记本电脑，帮助数百万贫困儿童发挥其潜力。"每童一电脑"已经成功运送了超过300万台笔记本电脑，其中大部分现在都属于那些原本可能没有机会拥有电脑的儿童和青少年。这确实是一项非凡的成就，但由于最初的预期过于乐观，导致实际成果未能达到预期，因此该项目常被描述为失败之作。

这两个项目都不同程度地面临了同样的问题——在不熟悉的条件下运营，而这个问题正如彼得森所指出的，对乌鲁兹甘特遣部队造成了严重的损害。在发展中国家中，许多最成功的态度设计项目都是由当地团队主导的，这一点尤为明显。以"健康故事"远程医疗公司的项目为例，它之所以能够解决巴基斯坦女性在获取医疗建议方面所遇到的复杂问题，很大程度上是因为这个项目是由当地社区的人们开发的。同样的原则也适用于"绿色长城"项目。

近年来，西方一些最引人注目的设计行动主义实验都是在熟悉的领域进行的，比如希拉里·科特姆的工作，她通过原型设计新的社会服务方式，为英国各地那些可能感到被剥夺或遗忘的人们提供了急需的支持。澳大利亚社会创新中心（TACSI）也采用了类似的社会设计方法，以解决社会护理中成本最高、最具挑战性的领域之一：帮助家庭解决长期存在的问题，如成瘾、疾病、无家可归、长期失业和经济危机。在与一百多个面临此类问题的家庭交谈并讨论他们所面临的困难和所需支持后，澳大利亚社会创新中心在阿德莱德和悉尼设立了"逐家"（Family by Family）项目，这是一个点对点的计划。项目指派了1名专业的生活教练与15个"分享家庭"合作，这些家庭已同意为包括约100名处境危险儿童在内的40个"寻求帮助的家庭"提供帮助和建议。原则上，分享者应该通过帮助其他弱势家庭设定目标并实现目标来为项目赋能，就像伦敦科特姆的老年人护理项目"互助圈"中的参与者一样。"逐家"项目的运营成本不仅相对较低，而且它的工作还显著减少了需要接受照顾的处境危险的儿童的数量，并减少了其他儿童的保护和危机服务的需求，从而节省了大量资金，并有望帮助家庭最终解决问题。

其他具有强烈政治使命感的设计师则将目光聚焦于全球性问题,如气候变化和难民危机,这些问题超越了设计师的地理界限。以"海洋清理"项目为例,它正是这样的一个典范。另一个值得关注的例子是"矿石流"(Ore Streams),这是由幻形工作室的西蒙·法雷辛和安德烈亚·特里马尔基主导的一项持续性的设计研究项目,该项目深入探究了数字和电子废弃物庞大的、往往是非法的国际贸易。在采访了制造商、回收商、同行设计师、科学家、生态学家以及国际刑警组织特工之后,他们绘制了全球范围内废弃电子和数字产品的流动图,旨在揭示它们对生态和社会的影响,并探索如何通过改进设计和制造方式以便更容易、负责任地处理和回收这些产品。

除了发现阻碍回收的实际障碍,如智能手机上的防水密封,使得它们无法被拆解外,他们还揭示了数字废弃物贸易与看似不相关的政治问题,如与人口走私之间的复杂联系。[4]此外,法雷辛和特里马尔基在"变化"项目中进行了类似的调查,研究了设计在木材贸易中的作用——木材贸易是世界上最具破坏性的行业之一。该项目是由2020年在伦敦蛇形画廊举办的展览而特别委托的。为了鼓励更多年轻设计师关注这些重要议题,他们在荷兰埃因霍温设计学院开设了一门名为"地缘设计"(GEO-Design)的新硕士课程,该课程旨在探讨设计与具有争议性的社会、地缘政治以及经济发展之间的关系。

在难民危机中,设计干预同样令人感到振奋。信息设计师在提高人们对数百万因冲突或压迫而被迫离开家园、尚在其他地方寻求庇护的人们的困境的认识方面发挥了重要作用。其中一个例子是"线背后的故事"(The Stories Behind a Line)项目,意大利设计师费德里卡·弗拉加帕内在该项目中描绘了她在家乡韦尔切利遇到的6名寻求庇护者如何从几内亚、科特迪瓦、马里和巴基斯坦的家乡抵达那里的经历。她与另一位设计师亚历克斯·皮亚琴蒂尼(Alex Piacentini)合作开发了这一可视化作品,展示了他们的旅行方式、旅程时长,以及沿途发生的事情。标题中的"线"指的是他们的路线,也是对他们所面临的威胁的深刻提醒。

其他设计师则专注于为难民提供支持,帮助他们在新国家重建生活。在意大利,已经出现了一系列项目,以帮助成千上万从土耳其穿越东地中海、历经艰险抵达的难民。抵达后,他们需要立即获得食物、水和住所的支持,同时努力寻找家园、工作和庇护。"无畏新阿尔卑斯"及其合作伙伴在罗萨诺设立了"好客学院",以提供这些资源。在特雷维索的"对话之手"(Talking Hands)项目通过由当地设计师志愿者领导的设计、制作和手工艺工作坊,为在那里获得临时住所的难民和移民履行类似职能。"对话之手"由当地艺术总监和活动家法布里齐奥·乌列蒂尼(Fabrizio Urettini)创立,作为一家非营利组织,它在手工艺和制造商博览会上,以及通过合作伙伴网络,出售其工作坊制作的家具和服装。此外,它还为当地人提供维修服务,并为寻求庇护者提供免费扫盲和意大利语课程。[5]

从长远来看,设计在应对此类紧急情况方面可能做出的最深远贡献,无疑是参与政策制定,正如希拉里·科特姆和澳大利亚社会创新中心在社会服务领域所做的那样。以难民危机为例,通过加快难民寻求庇护的法律程序,确定需要他们知识和技能的国家,以及消除野蛮的人口偷渡贸易,可以大大缓解这一危机。一种可能性是利用数据管理,通过评估难民的专长来确定他们最佳的目的地,然后将他们送往最能发挥他们作用的地方。另一种可能性是引入人道主义签证,使难民能够合法前往他们计划寻求庇护的国家,从而结束他们对人口贩子的依赖。此外,还需要改革国家立法,使寻求庇护者能够更快地进入当地资本市场和劳动力市场,正如尼日利亚所做的那样。这些大胆的改革将需要来自不同领域的专家们的投入,但设计可以在帮助预见问题、确定可能的解决方案,以及敏感且高效地规划这一过程中发挥积极作用，正如在应对气候变化方面所做的那样。

除非设计能够赢得公众信任和政治支持，使其被视为至关重要的改革中不可或缺的一部分，否则它就无法履行这一角色。尽管新冠疫情是一场悲剧，但它却提供了一个宝贵的机会，通过展示设计在应对全球灾难多个方面的能力和责任感，来赢得这种信任和支持。这从一开始就很明显，科学和医学的创新将是我们管理和结束这场致命大流行病的关键，但同样可以看出的是，设计将在制定实际应用这些突破性成果的实际方法方面发挥重要作用。世界各地的设计师都毫不畏惧地接受了这一挑战。

美国疾病控制与预防中心的医学插画师艾莉莎·埃克特（Alissa Eckert）和丹·希金斯（Dan Higgins）通过将新冠病毒（COVID-19的病原体）形象化为现在无处不在的"带刺的球体"，帮助我们理解了这场危机的严重性。埃克特和希金斯设计的这个标志，旨在特别突出SARS-CoV-2病毒上S蛋白的不祥刺突，该标志自2020年1月31日发布以来，几天内便在全球范围内得到认可，并成为历史上最著名的医学插图之一。新设计的数据仪表板和追踪器则绘制了感染传播的图景，而公共信息项目，如由新西兰克莱门格BBDO（Clemenger BBDO Wellington）广告公司设计的"团结抗击COVID-19"项目，则向我们介绍了如何避免和预防感染。数千名设计师、工匠和建筑师成立了临时团队，为一线医护人员和社会工作者设计和制造了大量的口罩、手套、防护服和其他个人防护装备。其中就包括"对话之手"团队，他们集中精力在新冠疫情封锁期间为特雷维索的无家可归者制作口罩。另一种集体响应是由当地志愿者组成的互助小组，他们通过购买食品、收集处方药，以及向他们通报最新的限制变化等措施，来支持脆弱的邻居。

设计工程师也表现卓越，他们与医疗专家合作，将现有的医院、诊所，甚至会议中心和博物馆改造成新冠疫情治疗场所，之后又将这些体育场、学校和教堂重新用作疫苗接种中心。随后，全球范围内展

2017 年,在意大利特雷维索的一个旧军营中开展的"对话之手"项目中,年轻的避难者和移民通过由当地设计师志愿者开设的工坊学习设计、工艺和制作技能。

第十三章 当最坏的情况发生时 127

开了一场激烈竞赛，目标是设计和制造出用于治疗新冠疫情的呼吸机。这场竞赛既展现了数百名设计师、工程师、制造商和创业者的最佳才能，也暴露了其中的种种不足。他们起誓要开发出呼吸机，而其中一些最为张扬的人则声称他们的呼吸机将比其他所有产品更快、更好。然而，事实证明，开发符合严格医疗标准的复杂设备远比汽车制造商、一级方程式赛车队和埃隆·马斯克（Elon Musk）所想象的更为困难。值得注意的是，许多夸夸其谈的倡议都失败了，而更低调的努力却取得了成功，这通常是通过在相关专家之间建立合作，对现有系统进行修改而不是从零开始，使用标准化组件，以及与同行设计师共享信息来实现的。

在充满痛苦与动荡的时期，设计在应对新冠疫情时所展现出的慷慨与机智，不仅为人们提供了他们渴求的希望，还为那些可能带来毁灭性后果的问题找到了切实可行的解决方案。从理论上讲，这应当能够重新定义公众对设计的认知，展现其解决复杂挑战的巨大潜力，并鼓励政治家和其他决策者将设计视为在疫情后重新设计和重建我们生活中发挥领导作用的关键力量。如果这一切能够成真，那么设计师们就需要继续努力，用实际行动证明自己的价值。

乌克兰设计界在应对俄乌冲突所做的勇敢和鼓舞人心的回应中树立了积极的榜样。俄乌冲突发生后，乌克兰的设计师、建筑师、工程师和制造商立即动员起来：一些人设计和建造了临时避难所，供数百万逃离战区的乌克兰人使用；另一些人则设立了社区厨房。他们的英勇和创造力赢得了乌克兰同胞的心。

每一个经过深思熟虑并精心执行的社会和人道主义设计项目，以及应对疫情的策略，都标志着我们在解决类似问题上的向前迈进，为未来的同类项目争取财政和政治支持提供了有力的依据。相反，任何设计粗糙导致失败的项目，无论其规模大小——不管是像"乌鲁兹甘特遣部队"这样的大型公共资助项目，还是像博扬·斯拉特的"海洋清理"计划这样的创业设计活动家的努力，都会让未来的工作面临更多挑战。但无论是斯拉特还是其他计划着应对灾难的态度设计师，都能从像扬·威廉·彼得森在阿富汗所做的沉浸式研究那样严格的批判中获益匪浅，这种批判将极大地促进他们的工作。

  他们可以从官方对彼得森报告的积极回应中获得鼓舞。荷兰军方非但没有忽视他的论点，反而采取了积极的行动：聘请彼得森在荷兰皇家军事学院开展一项为期5年的教学项目，旨在向下一代军官传授如何在工作中战略性地运用设计思维；同时，还委托他进行新的研究，以探索如何规划和实施冲突后的重建项目。此后，联合国人类居住区规划署（UN-Habitat）和北大西洋公约组织（NATO）也注意到了彼得森的工作，并委托他参与类似的倡议，希望借此避免未来在设计中重蹈覆辙。[6]

---

1 R. Buckminster Fuller, *Operating Manual for Spaceship Earth*, Southern Illinois University Press, Carbondale, Illinois 1969.

2 作者于2021年7月16日对扬·威廉·彼得森进行的采访。

3 扬·威廉·彼得森在阿姆斯特丹的一家名为"专业行动"的设计工作室工作。2015年，他在阿富汗乌鲁兹甘地区完成了两个月的实地工作后，于2016年出版了一份300页的报告，名为《乌鲁兹甘的遗产》(*Uruzgan's Legacy*)。该报告可在 dutchdesigndaily.com/complete-overview/uruzgans-legacy"上查看。

4 2015年，墨尔本维多利亚国家美术馆（NGV）当代设计与建筑部门的高级策展人伊万恩·麦克尤因（Ewan McEoin）委托幻形的西蒙·法莱辛和安德烈亚·特里马尔基研究和开展"矿石流"项目。该研究探讨了全球电子和数字废弃物贸易（无论合法与否）的规模和影响，并为产品设计师制定了指导方针，以设计出更容易回收的产品。幻形的研究和一系列概念性物品在2017年12月15日至2018年4月15日举行的首届NGV三年展艺术与设计展上展出。

5 特雷维索的"会说话的手"手工艺工作坊由意大利平面设计师法布里齐奥·乌列蒂尼创办，旨在为年轻男性难民和寻求庇护者提供培训、工具和设备，帮助他们学习或提高制作技能，包括木工和刺绣，并在当地集市和节日上销售他们的产品。"会说话的手"还通过为当地人修复和翻新家具来获取额外收入。该地区的设计师以志愿者的身份与参与者合作，其中包括来自扎内拉托/博尔托托工作室（Studio Zanellato/Bortotto）的乔吉娅·扎内拉托（Giorgia Zanellato）和达尼埃莱·博尔托托（Daniele Bortotto），以及曾与该小组合作设计一系列儿童家具的马泰奥·佐尔泽诺尼（Matteo Zorzenoni）。

6 作者于2021年7月27日对扬·威廉·彼得森进行的采访。

第十三章 当最坏的情况发生时

附录
设计师与设计项目

这些注释旨在为《设计作为一种态度》中介绍的一些设计师和设计项目提供额外信息。

比莉基斯·阿德比伊－阿比奥拉（Bilikiss Adebiyi-Abiola）

尼日利亚设计企业家比莉基斯·阿德比伊-阿比奥拉（1983年生）于2012年联合创立了"我们回收者"（Wecyclers）项目。项目旨在提供一种用户友好的方式，鼓励拉各斯市民回收垃圾。在美国学习期间，阿德比伊-阿比奥拉在多次回访拉各斯贫民窟时意识到了这种服务的必要性。她注意到，尽管拉各斯市的多家回收工厂产能低下，但贫民窟中却丢弃了大量可能具有回收价值的物品，原因是城市垃圾车难以穿越拥堵的街道。设计坚固但轻便的货运自行车解决了这一问题。每个在"我们回收者"注册的家庭都可以用可回收物换取购买食品、清洁用品或手机话费的积分。"我们回收者"帮助拉各斯市此前利用率不高的回收工厂提高了生产率。

安妮·阿尔伯斯（Anni Albers）

纺织设计师安妮·阿尔伯斯（1899—1994）出生于柏林的一个富裕犹太家庭——弗莱施曼家族。她拒绝了家人让她"嫁得好"的压力，于1920年进入汉堡的一所艺术学校,却发现课程枯燥乏味,于是申请进入她称之为"一个新兴的、实验性的地方"——位于魏玛的包豪斯。和大多数女学生一样,她被迫学习纺织设计。3年后,安妮嫁给了学校中最有前途的艺术家之一,即来自鲁尔区劳工家庭的约瑟夫·阿尔伯斯(Josef Albers,1888—1976)。两人都在包豪斯任教,直到1933年纳粹关闭了这所学校,随后他们离开德国前往美国,在北卡罗来纳州的进步主义黑山学院(Black Mountain College)任教。当时,安妮已成为纺织设计领域的革新力量,并于1949年在纽约现代艺术博物馆举办了个展。次年,她和约瑟夫搬到康涅狄格州的纽黑文市,他在那里被任命为耶鲁大学设计系主任。安妮的现代艺术博物馆回顾展在美国26家博物馆巡回展出,随后她的作品也在全球展出。

格特鲁德·汉茨克(Gertrud Hantschk)

格特鲁德·汉茨克(1903—2000),更常以其夫姓阿尔恩特(Arndt)为人所知,出生于当时属于德国的拉蒂博尔(现今为波兰的拉齐布日)。她在德国的埃尔福特市学习艺术,随后在一名当地的建筑师手下当学徒,这位建筑师激发了她对摄影的兴趣。1923年,她进入包豪斯,原本希望学习建筑,但却被分配到纺织车间。尽管完成了课程,但她决定专注于摄影,因此切断了与纺织品的联系。1928年,她与丈夫阿尔弗雷德·阿尔恩特(Alfred Arndt)一同离开了包豪斯,但次年因丈夫加入教职而重返。格特鲁德继续她的摄影实验,特别是在一系列引人注目的自拍照中,她佩戴了不同种类的面纱。阿尔恩特夫妇在包豪斯一直待到1931年,随后迁居图林根州的普罗布斯策拉,在那里居住了17年后,最终定居于达姆施塔特,这是他们余生的家。多年来,格特鲁德的摄影作品已被遗忘,但在2013年柏林包豪斯档案馆的展览中,她的摄影作品与纺织品作品一同得到了应有的赞誉。

"人民工作室"(L'Atelier Populaire)

1968年5月6日,约25000名法国大学生和教师通过在巴黎举行抗议游行,开始了与当局的数周冲突。10天后,一群示威者占领了位于圣日耳曼德佩区的巴黎美术学院印刷工作室,并宣布他们开设了"人民工作室"。他们利用学校的设备设计和印刷海报,以支持遍布法国及其他国家的学生、工人和其他激进团体的抗议活动。人民工作室制作了200多种不同的海报,每种印刷了几百份或几千份。这些海报上印有诸如"斗争继续"(La lutte continue)、"我们是力量"(Nous sommes le pouvoir)和"美丽在街上"(La beauté est dans la rue)等口号。由于法国媒体受政府控制,这些海报使"五月风暴"的抗议者得以表达他们的关切。"人民工作室"发表了一份声明,将海报描述为"为斗争服务的武器……它们应有的位置是在冲突的中心,也就是说,在街道上和工厂的墙上"。

雷纳·班纳姆(Reyner Banham)

英国作家兼理论家雷纳·班纳姆(1922—1988)以其独特的机智、挑衅性的观点和深刻的洞察力,在20世纪后期的设计批评领域留下了深刻的印记。他通过对艺术、设计、建筑、消费主义以及技术的广泛思考,成功地重塑了这一领域。班纳姆性格和蔼可亲,他不仅在学术上有所建树,还通过与艺术家如理查德·汉密尔顿和埃德·鲁沙,以及建筑师如塞德里克·普莱斯(Cedric Price)和艾莉森与彼得·史密斯森(Alison and Peter Smithson)的深厚友谊,对文化产生了深远的影响。与汉密尔顿相似,班纳姆也来自英国的工人阶级家庭,他幽默地将自己的成长环境描述为"某个流行地带",实际上是在诺里奇。从小,他就对贝蒂漫画和好莱坞西部片情有独钟,这些经历塑造了他与众不同的视角。在职业生涯的前半段,班纳姆在英国伦敦大学学院教授建筑史,并为多家知名杂志(如《建筑评论》《新社会》和《新政治家》）撰写文章。他始终保持着对知识的渴望和对新思想的开放态度，正如他所说："证明你有头脑的唯一方法，就是不断地学习和改变。"

蒂洛尼亚赤足建筑师事务所（Barefoot Architects of Tilonia）

蒂洛尼亚的赤足建筑师事务所自20世纪70年代初以来，一直在拉贾斯坦邦（印度）的蒂洛尼亚农村社区的社会工作研究中心（昵称"赤足学院"）学习当地的设计和建筑技术。他们不仅建造了学院校园，还设计并建造了遍布蒂洛尼亚的学校、社区中心、农业建筑和住宅，使用的材料包括传统建筑材料，以及从牛车、水泵和拖拉机上回收的部件。他们的许多建筑都基于大地穹顶的设计模板，这种设计模板是由美国特立独行的设计师巴克敏斯特·富勒在20世纪40年代末在北卡罗来纳州的黑山学院开发的。

包豪斯（Bauhaus）

虽然有许多著名的设计学校，但没有一所能与包豪斯相媲美。包豪斯于1919年在德国魏玛市由建筑师沃尔特·格罗皮乌斯担任校长后正式成立。20世纪许多最具影响力的设计师、艺术家和建筑师都曾在那里任教或学习，包括格罗皮乌斯和密斯·凡德罗在建筑方面，马塞尔·布鲁尔（Marcel Breuer）在家具方面，赫伯特·拜耶（Herbert Bayer）在平面设计方面，奥斯卡·施莱默（Oskar Schlemmer）在戏剧设计方面，安妮·阿尔伯斯和冈塔·施托尔茨尔在纺织方面，玛丽安·布兰特（Marianne Brandt）和威廉·瓦根菲尔德（Wilhelm Wagenfeld）在产品设计方面，以及特立独行的拉兹洛·莫霍利-纳吉。与他们并肩工作的还有伟大的艺术家，如约瑟夫·阿尔伯斯、瓦西里·康定斯基（Wassily Kandinsky）和保罗·克利（Paul Klee）。包豪斯在早期因为格罗皮乌斯和约翰内斯·伊顿（Johannes Itten）之间的斗争而蒙上了一层阴影。伊顿是一位极富魅力的教师，他在艺术和设计方面崇尚手工艺和精神。伊顿于1923年离职后，莫霍利-纳吉被聘为学校注入了技术统治的热情。1925年纳粹党在魏玛掌权后，格罗皮乌斯协商在德绍建立一所新学校，但在1928年，他迫于当地纳粹党的政治压力而辞职。莫霍利-纳吉和其他忠诚者也相继辞职，左翼瑞士建筑师汉斯·迈耶（Hannes Meyer）接任校长。他于1930年被迫离职，留下密斯试图挽救学校，学校在1932年迁至柏林，但于次年关闭。包豪斯的声誉得以延续，部分归功于格罗皮乌斯在著作、讲座和展览中对其神话的巧妙修饰。其遗产受益于其教师和学生的国际影响力，许多人在20世纪30年代和40年代离开德国，在其他国家从事有声望的教学工作，如格罗皮乌斯、密斯和布鲁尔在美国所做的，或者模仿包豪斯模式建立新的学校。

伊夫·贝哈尔（Yves Béhar）

作为福斯（Fuseproject）设计事务所的创始人和首席设计师，伊夫·贝哈尔（1967年生）通过创新方式管理全球设计团队，他不仅将商业项目与社会和人道主义设计的无偿工作相结合，还联合创立了多家设计企业，并在其中持有股权。贝哈尔出生于瑞士洛桑，母亲是德国人，父亲是土耳其人，他在加利福尼亚州帕萨迪纳的艺术中心设计学院学习设计。之后，他搬到旧金山，为科技设计咨询公司青蛙设计公司（frog design）工作，并于1999年创立了福斯设计事务所。福斯设计事务所为包括赫尔曼·米勒、三星和施华洛世奇（Swarovski）在内的公司开发了科技产品、家具、照明设备和服装。其设计项目包括颚骨可穿戴技术（Jawbone）、奥古斯特（August）智能锁以及与美国儿科医生哈维·卡普博士合作开发的斯诺（Snoo）智能婴儿床。在无偿工作方面，贝哈尔设计了"每童一电脑"（One Laptop Per Child）非营利教育计划所分发的笔记本电脑和平板电脑的硬件，并且是Spring Accelerator计划的主要设计师，该计划支持开发帮助少女摆脱贫困的产品和服务的创业者。

伊玛·布（Irma Boom）

伊玛·布（1960年生）出生于荷兰的洛赫姆市，她最初在邻近的恩斯赫德艺术学校学习绘画，但在一次偶然的机会下，她参加了一场关于书籍的讲座，随后转而投身平面设计领域。"老师在那次讲座中并未过多谈及设计，只是向我们展示了书籍，并为我们朗读。"她回忆道。毕业后，她加入了海牙的政府印刷厂，原本计划只待1年，但最终在那里工作了5年，期间不断探索各种书籍设计的创新方法。

一个令人瞩目的例子是她为荷兰艺术资助机构设计的年度报告，这份报告大胆地采用了红色、蓝色和黄色作为主色调，每页上的字体大小都根据文本内容在两页纸上所占的空间精心调整。自那以后，她在阿姆斯特丹的工作室里，创作了一系列独特、富有野心且非传统的书籍作品。其中，为了庆祝荷兰企业集团SHV成立100周年，她设计并制作了一本重达数磅、拥有2136页且未编页码的书籍。她希望读者能够随性地翻阅这本书，而不是按照顺序逐页阅读。这本书的制作历时5年，凝聚了她的心血与创意。此外，她还勇于尝试不同尺度的对比、复杂的颜色编码、视觉象征主义、隐藏图案、带有香味的装帧，以及在不寻常的材料（如金属纸和咖啡滤纸）上进行印刷等创新手法。多年来，她收集了大量历史和现代书籍设计的范例，并将阿姆斯特丹家中的一部分空间改造成图书馆，以妥善保存她珍贵的藏书——主要来自17世纪和18世纪，以及20世纪60年代和70年代。

罗南·布鲁勒克和埃尔万·布鲁勒克（Ronan and Erwan Bouroullec）

罗南·布鲁勒克（1971年生）和他的弟弟埃尔万·布鲁勒克（1976年生）是法国的产品设计师，他们出生在法国布列塔尼的乡村地区，直到罗南前往巴黎学习设计之前，两人都很少离开这片土地。

1997年，即罗南毕业后的一年，意大利知名家具公司卡佩里尼向他抛出了橄榄枝，希望生产他设计的作品。于是，罗南在巴黎开设了一个小型工作室，不久之后，正在学习艺术的埃尔万也加入了他的行列。起初，这两兄弟是以自己的名义工作的，但很快他们就意识到，由于每个人都在为对方的项目做出贡献，所以他们也可以共同署名。他们的一项核心目标就是设计能够适应不同需求和偏好的灵活模块化系统家具，这些家具既可以放大也可以缩小，还能根据使用者的需要增加或减少不同的功能组件。他们为维特拉公司设计的Joyn系列办公桌和由小枝状塑料小块组装而成的Algues塑料屏风，以及为克瓦德拉特（Kvadrat）公司设计的房间隔断，都充分体现了这些设计原则。现在，布鲁勒克兄弟正在将他们的设计方法应用于公共空间的改造中，如设计售货亭、喷泉和充电站等，同时，他们还承担了皮诺收藏博物馆（Pinault Collection）的内部空间、照明和公共广场的设计工作。该博物馆于2021年在巴黎的商业交易所（Bourse de Commerce）盛大开幕。

无畏新阿尔卑斯（Brave New Alps）

意大利设计团体"无畏新阿尔卑斯"致力于探索设计如何为解决紧迫的社会、政治和环境问题贡献力量的新途径。该团体成立于2005年，最初是由比安卡·埃尔森鲍默（Bianca Elzenbaumer，1980年生）和法比奥·弗朗茨（Fabio Franz，1983年生）两人合作创建，并于2012年在意大利正式注册为文化协会。随着时间的推移，该团体逐渐壮大，吸纳了更多与其目标相契合的设计师和其他合作者。无畏新阿尔卑斯的总部设在意大利蒂罗尔省的特伦蒂诺地区拉加里纳山谷的一个村庄——诺米，从这里出发，它参与了遍布欧洲各地的积极行动者和研究网络。该团体近期工作的首要关注点是意大利境内日益增多的难民和移民工人的困境。在实际行动方面，无畏新阿尔卑斯推出了一系列举措，其中包括：在意大利南部罗萨尔诺市为外来采摘工设立的

"好客学院"［Hospital(ity) School］，这是一个集法律、医疗和培训为一体的中心；以及"那片森林"（La Foresta），这是一家面向当地居民和寻求庇护者的社区学院，于2021年在阿尔卑斯山脚下的罗韦雷托镇一座废弃的铁路建筑内正式开放。

希拉·勒沃朗·德布雷特维尔（Sheila Levrant de Bretteville）

20世纪60年代，希拉·勒沃朗·德布雷特维尔（1940年生）在耶鲁大学学习图形设计后，开始积极参与并联合创办了多个女性主义项目。其中，她在1971年于加州艺术学院推出了首个专为女性设计的设计课程，两年后，又推动了洛杉矶"妇女大厦"（Woman's Building）的创立，这是一个致力于女性教育与文化的公共论坛。她致力于反对基于阶级、种族和性别的不公、偏见与压迫，逐渐成长为北美最具影响力的设计活动家之一。然而，当她在1990年被任命为耶鲁大学艺术学院图形设计专业的研究主任时，这一决定却引起了学院内一些资深成员的不满。保罗·兰德（Paul Rand），这位自20世纪50年代起就担任教职的美国图形设计界泰斗，甚至以辞职抗议，并鼓励同事们效仿。德布雷特维尔代表了旧势力所厌恶的众多事物，包括解构主义和女性主义，并且她还是耶鲁大学艺术学院首位获得终身教职的女性。但她并未因此退缩，反而将耶鲁的图形设计课程注入了她作品中特有的激进主义与折中主义精神。

洛伦·布里希特（Loren Brichter）

美国软件设计师洛伦·布里希特（生于1984年）开发了许多我们日常用来操作智能手机和平板电脑的应用程序。他出生于曼哈顿，在马萨诸塞州塔夫茨大学学习电气工程，并在毕业前收到了苹果公司的工作邀请。布里希特拒绝了这份邀请，但毕业后还是加入了苹果公司。他在那里工作了一年多后，便开设了自己的设计工作室，该工作室于

2010年被推特收购。离开推特一年后，布里希特开始独立工作，开发了一系列应用程序，使我们能够通过触摸和视觉来操作数字设备。每次你通过下拉刷新来查看新邮件、短信或社交媒体帖子时，你都在使用布里希特的作品，就像你通过滑动手指在屏幕上显示隐藏菜单或操作功能时一样。"万物皆有来处，亦有去处，"他告诉《华尔街日报》，"最重要的是做好显而易见的设计，而问题在于过度设计。"

罗伯托·布尔勒·马克思（Roberto Burle Marx）

罗伯托·布尔勒·马克思（1909—1994）出生于圣保罗的一个富裕的德裔巴西家庭，他的大部分童年时光都是在里约热内卢度过的，在那里，母亲引领他走进了园艺世界。19岁时，他前往柏林学习绘画，并继续他对植物学的兴趣，1930年回到巴西进入艺术学校后，他仍继续着这项工作。两年后，他为朋友兼邻居、建筑师卢西奥·科斯塔（Lucio Costa）设计的一栋房子设计了第一个景观。布尔勒·马克思继续设计了数百个景观、花园和公园，经常与建筑师朋友合作，包括奥斯卡·尼迈耶（Oscar Niemeyer）和科斯塔。他因在热带现代主义艺术运动形式特质的启发下，种植巴西本土植物方面的技巧和独创性而广受赞誉。是他对植物学的深厚热爱和了解，支撑了他所有的工作。布尔勒·马克思发现了数十种植物物种，并倡导保护其他物种。他在提高国际社会对巴西濒危雨林困境的认识方面也发挥了重要作用。20世纪40年代末期，他在里约热内卢郊外购买了圣安东尼奥·达比卡庄园（Sítio Santo Antônio da Bica），并在那里建造了一个花园、一个苗圃和一个研究中心。布尔勒·马克思将该地点设计为他庞大植物收藏的"活档案"，其中许多都是他在热带雨林探险研究中发现的。最终，他在如今被称为罗伯托·布尔勒·马克思庄园（Sítio Roberto Burle Marx）的40英亩土地上培育了超过3500种植物。1985年，他将这些植物捐赠给了巴西政府。

心脏平板（Cardiopad）

心脏平板是一款由喀麦隆软件工程师亚瑟·赞格（Arthur Zang，1987年生）设计的移动心脏监测器，它充分体现了物联网设备在改善偏远地区居民健康方面的巨大潜力。在喀麦隆，心脏病是一个严重的健康威胁，而该国，尤其是农村地区，却面临着专业医疗人员和设备的严重短缺。他在大学医院担任IT专家期间，深刻认识到这一问题，并因此设计了心脏平板作为解决方案。这款平板电脑被特别编程，用于监测患者的心脏状况，随后通过蜂窝网络将数据发送至远在数百甚至数千英里之外、配备先进设施的心脏病专家处进行分析。一旦诊断结果出炉，便会迅速反馈给当地的医生、护士或急救人员，由他们决定所需的治疗方案。这样，患者就无须经历长途跋涉、身心疲惫且可能并不必要的旅程前往大型医院，从而大大节省了时间和精力。

阿切勒·卡斯蒂利奥尼（Achille Castiglioni）

阿切勒·卡斯蒂利奥尼（1918—2002）是一位意大利工业设计师，出生于米兰的雕塑家詹尼诺·卡斯蒂利奥尼（Giannino Castiglioni）与其妻子莉维亚·波拉（Livia Bolla）之家。与他的哥哥利维奥（Livio）和皮埃尔·贾科莫（Pier Giacomo）一样，阿切勒也在米兰理工大学学习建筑。毕业后，他服完兵役，便加入了他们与朋友路易吉·卡恰·多米尼奥尼（Luigi Caccia Dominioni）共同创立的建筑设计事务所。他们的大部分工作都集中在展览设计上，而他们为意大利国家广播电台（RAI）设计的布景在第二次世界大战后意大利作为精致当代设计的发源地发挥了重要作用。1946年，多米尼奥尼离开事务所独立工作，6年后，利维奥也紧随其后。皮埃尔·贾科莫和阿切勒则继续合作，为弗洛斯、卡西纳、扎诺塔（Zanotta）以及其他推动意大利"经济奇迹"的制造商设计了形式上优雅、细节上充满微妙幽默的家具和照明产品。1968年，皮埃尔·贾科莫去世后，阿切勒继续在米兰卡斯特洛广场的工作室里工作，几十年前，他和兄弟们就是在这里与多米尼奥尼一起创办了事务所。2002年，阿切勒去世后，工作室被原封不动地保留了下来，与他生前最后一天工作时一样，现在作为博物馆对外开放。

穆丽尔·库珀（Muriel Cooper）

穆丽尔·库珀（1925—1994）在设计领域展现出了非凡的才华，特别是在两个截然不同的领域中都取得了卓越的成就。她最初在麻省理工学院出版社（MIT Press）以传统印刷图形设计师的身份崭露头角，设计了多部引人注目的书籍，其中包括罗伯特·文丘里（Robert Venturi）、丹尼斯·斯科特·布朗（Denise Scott Brown）和史蒂文·艾森豪尔（Steven Izenour）合著的《向拉斯维加斯学习》（1972年）一书的原版设计。随后，库珀又勇敢地踏入了数字设计的未知领域，成为这一新兴领域的先驱。1967年，库珀偶然间参加了一个麻省理工学院的暑期计算机编程课程，并立即被其重要性和创造性潜力所吸引。尽管她本人并非技术专家，甚至坦言对技术感到困惑不解，但这并没有阻止她追求创新的步伐。她与技术专家罗恩·麦克尼尔携手合作，于1974年在麻省理工学院共同创立了可视化语言工作坊（Visible Language Workshop），并一直担任其负责人直至1994年去世。在可视化语言工作坊中，库珀致力于将她在传统印刷书籍设计中展现的清晰性、独创性、机智和原创性融入数字设计领域。她亲自教导包括前田·约翰（John Maeda）、丽莎·斯特劳斯菲尔德等在内的一批有影响力的计算机程序员和软件设计师，努力使复杂的像素化图像变得易于理解。她坚信："信息只有在能够被理解的情况下才有用。"正是这一信念驱使着她不断探索和创新，为数字设计领域的发展做出了重要贡献。

希拉里·科特姆（Hilary Cottam）

英国社会学家希拉里·科特姆（1965年生）于2007年创立了"分

词"（Participle）这一社会企业，旨在通过原型设计项目来重塑社会和医疗保健中功能失调的领域。20世纪90年代，科特姆在联合国儿童基金会（UNICEF）和世界银行担任城市贫困问题专家。之后，她作为School Works和Do Tank的创始人，开始尝试进行学校和监狱的设计实验。2001年，她加入了英国设计委员会（Design Council），该委员会是由英国政府资助的设计领域的领军机构。6年后，科特姆与他人共同创立了分词，旨在重新设计福利国家。分词的工作包括帮助长期失业者重返工作岗位，鼓励不满的年轻人与当地社区接触，帮助家庭摆脱长期危机，以及改善对老年人的照顾。在开发了这些领域的新方法后，她开设的分词设计咨询公司的目标是将项目的长期管理交给参与者自己或交给当地议会和其他合适的组织。这一政策确保了自2015年分词设计咨询公司关闭以来，它的许多项目以新的形式蓬勃发展。科特姆继续致力于开发社会服务和医疗保健的新方法，并于2018年出版了一本关于她在分词设计咨询公司工作的书《激进的帮助》（*Radical Help*），并于2020年出版了一份重塑福利国家的宣言《福利5.0》（*Welfare 5.0*）。

埃默里·道格拉斯（Emory Douglas）

埃默里·道格拉斯（1943年生）出生于密歇根州大急流城，在旧金山湾区长大。青少年时期因故被捕后，他被关押在加利福尼亚州安大略市的一所青少年培训学校，他在那里的印刷厂学习了排字、版面设计和插图制作。获释后，道格拉斯在旧金山城市学院学习平面设计，该校正处于民权运动和反战运动的核心地带。他全身心投入到激进主义活动中，并于1967年加入新成立的黑豹党，并设计了该党同名报纸的首刊。道格拉斯以革命艺术家的身份，后来成为黑豹党的文化部长，一直负责《黑豹报》的编辑工作，直至该报于1980年停刊。道格拉斯的作品描绘了民权受害者的勇气，以及当局对他们的残暴行为，这些图像被刊登在《黑豹报》上，并制成传单张贴在奥克兰的黑豹党总部周围。他独特的图形风格将粗犷的轮廓和色彩与毫不留情的尖锐图像相结合,为这场创造了"激进时髦"概念的运动创造了一个瞬间可识别的视觉形象,而道格拉斯本人也成为年轻设计激进主义者的楷模。在《黑豹报》停刊后,道格拉斯加入了《旧金山太阳报》(San Francisco Sun Reporter),这是一家他工作了30年的社区报社。2007年,他的作品回顾展在洛杉矶当代艺术博物馆开幕,2009年则在新纽约现代艺术博物馆展出。他的作品被华盛顿特区的美国非裔历史与文化国家博物馆收藏,并在2017年伦敦泰特现代美术馆举办的"国家之魂:黑人权力时代的艺术"(Soul of a Nation: Art in the Age of Black Power)展览中展出。

克里斯托弗·德雷瑟(Christopher Dresser)

克里斯托弗·德雷瑟(1834—1904)年仅13岁时便成功进入伦敦政府设计学校,这是一所专为工匠之子提供工业设计培训的学校。与许多艺术学生被教导通过描绘人体来学习绘画不同,德雷瑟和他的同学们选择从花卉和植物中汲取灵感。取得了优异的学习成绩后,他于19世纪50年代中期开设了"艺术植物学"讲座,并同时创立了一家设计工作室,专注于陶瓷、玻璃器皿、金属制品、家具、壁纸和纺织品的开发,这使他有机会深入研究各种制造材料和生产技术。19岁时,德雷瑟步入婚姻殿堂,并因此承担起支持日益扩大的家庭的经济责任。因此,他早期的许多作品都是以匿名方式为韦奇伍德和明顿陶器厂创作的。然而,这位充满雄心、精力充沛且平易近人的设计师很快便因其非凡的天赋和丰富的设计成果而广受认可。在他的整个职业生涯中,德雷瑟与众多擅长不同技术的制造商建立了紧密的合作关系,其中包括谢菲尔德的银匠詹姆斯·迪克森父子以及伯明翰的哈金与希思。1879年,他与企业家约翰·哈里森(John Harrison)携手合作,在蒂斯河畔开设了林索普艺术陶器厂。在关闭前的10年里,林索普艺术陶瓷厂生产了超过2000件陶瓷作品,其中许多都是由德雷瑟亲自设计的。德雷瑟还一直在从事植物学研究,同时对日本传统工艺情有独钟。他是第一位因其作品充满细节和内涵而被广泛认可的工业设计师。

简·德鲁(Jane Drew)

作为20世纪中叶少数几位涉足男性主导的建筑领域的女性建筑师之一,简·德鲁(1911—1996)逐渐习惯了被外界贴上"建筑师妻子"的标签,而不是被认可为独立建筑师。然而,她以应有的尊严对待这些轻视,竭力支持年轻的女性建筑师,并始终致力于支持和推动年轻女性建筑师的发展,包括那些在第二次世界大战期间她所经营的最初专为女性而设的事务所中的女性。在保守的英国建筑文化背景下,德鲁作为一名坚定的现代主义者,在她的整个职业生涯中都展现出了非凡的智慧、优雅和勇气。她完成了一系列雄心勃勃的公共项目,这些项目从第二次世界大战后英国的平价社会住房,到加纳和尼日利亚的学校和住宅,无不彰显着她的才华和远见。此外,德鲁与她的丈夫马克斯韦·弗莱(1899—1987)同瑞士建筑师勒·柯布西耶和皮埃尔·让纳雷紧密合作,共同推动了20世纪中叶最具雄心的建筑项目之一——昌迪加尔的设计与建造。昌迪加尔被誉为"美丽之城",作为印度后殖民时期旁遮普邦和哈里亚纳邦地区的首府,其设计和建设都凝聚了德鲁与团队的心血。在昌迪加尔,德鲁与让纳雷共同工作了3年,期间勒·柯布西耶每年都会在最凉爽的两个月里前来访问,共同探讨项目的进展和未来的规划。

邓恩 & 蕾比(Dunne & Raby)

1994年,英国设计师安东尼·邓恩(Anthony Dunne,1964年生)和菲奥娜·蕾比(Fiona Raby,1963年生)在伦敦共同创立了邓恩&蕾比,成为他们作为设计师、教师、作家、策展人和设计理论家的工作平台。他们不仅将设计视为一种分析和预测的重要工具，这一设计理念首先激励了他们在伦敦皇家艺术学院的学生，随后又影响了纽约新学院的学生。此外，这一理念还对新一代批判性和概念性设计师产生了深远的影响。邓恩和蕾比广泛撰写了关于批判性设计的著作，并在国际上举办了相关讲座。

查尔斯·伊姆斯与蕾·伊姆斯（Charles and Ray Eames）

查尔斯·伊姆斯（1907—1978）与蕾·伊姆斯（1912—1988）的传奇故事始于1940年的密歇根州克兰布鲁克艺术学院。当时，作为该学院的明星设计教师（尽管也是校园中的一位风流人物），查尔斯爱上了他项目中的一位助手——蕾·凯撒（Ray Kaiser）。第二年，查尔斯在与第一任妻子离婚后不久，便与蕾结为连理，并携手前往洛杉矶，共同开启新生活。在洛杉矶，查尔斯通过为附近的米高梅电影公司（MGM）设计布景来支撑家庭经济，并时常偷偷地将一些胶合板和其他设计材料带回家中，在他们狭小的公寓里进行设计实验。1943年，这对夫妇在威尼斯的一个破旧车库里开设了一家设计工作室，这一空间成为他们直到查尔斯1978年去世、蕾随后继续工作10年的创意天地。除了为赫尔曼·米勒等制造商设计家具和其他产品外，伊姆斯夫妇还是现代主义住宅设计的先驱，包括他们自己在太平洋帕利塞兹草原上建造的主要由预制件构成的住宅。此外，他们还通过为国际商用机器公司（IBM）制作的展览和教育电影，成为极具影响力的信息设计师，致力于提升公众对科学、数学和技术重要性的认识与理解。

公平手机（Fairphone）

荷兰社会企业公平手机设计的智能手机注重产品的坚固耐用性，并坚持道德原则，采用负责任采购的材料制造，其中许多材料是回收的。该公司由交互设计师兼开源设计倡导者巴斯·范阿贝尔（Bas van

Abel）于2013年创立，总部位于阿姆斯特丹，其使命是"缩小人与产品之间的距离……通过确切了解产品的来源和生产方式，您可以做出明智的购买决策"。公平手机自称是一项正在进行中的工作，不断努力使其手机更加符合道德标准、更加负责任和可持续。为此，该公司自始至终都对其供应链和业务模式进行规划。公平手机绝在其产品中使用冲突矿产，并采取了从原冲突地区采购金属和其他材料的政策，旨在帮助这些地区重建经济并创造可持续的就业机会。

穆罕默德·法亚兹（Mohammed Fayaz）

穆罕默德·法亚兹，1990年出生于纽约皇后区牙买加庄园与中村交汇处的一个穆斯林印度裔家庭。自幼，他便对绘画抱有浓厚兴趣，但起初仅将其视为生活中的一抹闲趣，直到他邂逅了奥斯卡·恩（Oscar Nñ）与亚当·罗兹（Adam Rhodes）——布鲁克林知名艺术团体"Papi Juice"的两位联合创始人。该团体以举办派对及各项活动著称，旨在支持有色人种中的酷儿与跨性别群体。转折点发生在2013年，"Papi Juice"邀请他为一场派对之夜设计海报，并支付了他30美元作为报酬。此后他就持续为该团体贡献他的创意与才华。同时，法亚兹的才华也吸引了众多非营利组织与激进团体的注意。他先后为布鲁克林解放组织、纽约市反暴力项目和布鲁克林博物馆等机构绘制了海报、传单等宣传材料，以其独特的插画风格赢得了广泛赞誉。他的作品色彩斑斓、线条流畅，不仅展现了有色人种中酷儿与跨性别群体的多彩生活，更深刻揭示了他们内心的坚韧与力量。

幻形（Formafantasma）

意大利设计师西蒙·法雷辛（Simone Farresin，1980年生）和安德烈亚·特里马尔基（Andrea Trimarchi，1983年生）在佛罗伦萨高等艺术学院（Istituto Superiore per le Industrie Artistiche）求学期间相识，

随后共同创立了幻形工作室。两人曾一起申请荷兰埃因霍温设计学院的硕士课程，但被告知必须单独申请。最终，他们被允许以合作项目的形式于2009年毕业。自此以后，他们创作的作品深深植根于对设计与气候变化、种族主义兴起、难民危机与移民问题、农村贫困以及意大利殖民历史和手工艺传统之间关系的深入研究。2017年，幻形完成了他们的首个工业项目，即为意大利制造商弗洛斯设计照明产品。其近期的工作重点放在了沉浸式研究项目，深入探索设计领域中复杂且具有争议性的方面对社会、经济和环境的影响，包括2017年的"矿石流"（Ore Streams）项目中对全球电子废弃物贸易的研究，以及2020年的"变化"（Cambio）项目中对木材行业的研究。

费德里卡·弗拉加帕内（Federica Fragapane）

在当前这个数据触手可及、前所未有的时代，随着技术的进步，设计师能够开发出更加精确和多样化的数据分析和呈现方式，数据可视化已成为设计领域的一个充满活力的分支。意大利设计师费德里卡·弗拉加帕内（1988年生）正是这一领域的领军人物，她创作了一系列引人注目的数据可视化作品，深入剖析了复杂且严峻的社会、政治和生态问题对我们生活产生的深远影响。在新冠疫情肆虐期间，她受Surgo基金会委托，开发了"社区脆弱性指数"（Community Vulnerability Index）。该指数通过精细的图表，揭示了新型冠状病毒如何针对人们在健康、财富、种族、地理位置，以及住房、环境和医疗保健质量等方面的脆弱性进行攻击。正如她的所有作品一样，这项研究不仅对数据进行了清晰准确的分析，还通过优雅且引人入胜的可视化方式呈现出来，更容易引起人们的关注和共鸣。"作为数据设计师，我们有重大的责任通过我们的可视化作品来传达正在发生的事情，"她强调说，"对我来说，非常重要的一点是，我要利用我的角色、我的工具和我的专业能力，来讲述当前正在发生的事情和最重要的事情，并且要以负责任的态度来做到这一点。"

理查德·巴克敏斯特·富勒（R. Buckminster Fuller）

理查德·巴克敏斯特·富勒（1895—1983）是一位极具远见的美国设计师、工程师和设计活动家。1946年，《财富》杂志声称他的"人生简单目标"就是"改造世界"。尽管他未能完全实现这一宏伟目标，但这并非因为他缺乏尝试。20年后，《纽约客》杂志给予了他极高的评价，称他为"工程师、发明家、数学家、建筑师、制图师、哲学家、诗人、宇宙学家和综合设计师"。到了那时，人们亲切地称他为"巴克米"（Bucky），他也乐于接受这个称呼，并开始自称是"全面的预见性设计科学家"和"地球飞船的宇航员"。富勒出身于新英格兰的一个富裕家庭，是富勒家族中第五代进入哈佛大学的男性成员，但遗憾的是，他并未完成学业，成为家族中首位未能毕业的成员。尽管他的职业生涯早期遭遇了金融危机的困扰，但他始终坚持不懈地追求自己的梦想——设计一种新型住房。他构想中的这种住房是一种经济实惠的生活机器，价格不超过一辆凯迪拉克，同时还将具备高效节能的特点，并适合大规模生产以满足快速运输的需求。富勒的创意和远见使他成为20世纪最具影响力的设计思想家之一。

马蒂诺·甘珀尔（Martino Gamper）

马蒂诺·甘珀尔（1971年生）在14岁时，开始在家乡意大利蒂罗尔省梅拉诺跟随一位工艺大师进行了为期5年的学徒生涯，这位大师专门定制木制家具。然而，甘珀尔意识到手工艺并非他的真正兴趣所在，于是前往维也纳学习产品设计。随后，他在米兰为他的导师之一马泰奥·图恩（Matteo Thun）工作，但很快就对工业设计中所涉及的妥协感到不满，因此决定以自己的方式作为设计师兼制作人开展工作。在伦敦皇家艺术学院完成硕士学位后，他开设了一个工作室，在那里设计和制作家具，经常使用回收材料，并与朋友合作开展设计和食品项目。2007年，甘珀尔通过在伦敦举办的"100天打造100把椅子"展览在国际上声名鹊起。每把椅子都是在一天之内用他从位于伦敦东区的工作室附近的垃圾堆或街道上回收的旧家具碎片制作完成的。自那以后，甘珀尔建立了一种独特且多元的实践方式，既接受私人委托，也与艺术家和设计师朋友在艺术画廊和设计空间举办展览方面进行合作，同时还为制造商（包括Magis和Moroso）承担工业项目。"我感兴趣的是表达自己，"甘珀尔说，"而不是思考我属于哪个圈子。"

阿格尼丝·加勒特和罗达·加勒特（Agnes and Rhoda Garrett）

在经历了无数次拒绝后，阿格尼丝·加勒特（1845—1935）和她的表妹罗达·加勒特（1841—1882）终于找到了一位愿意收她们为学徒的建筑师，但这位建筑师却禁止她们进入建筑工地。加勒特姐妹俩接受了这一条件，因为她们知道，作为19世纪70年代的女性，能够找到学徒工作已经是非常幸运的了。完成培训后，她们在阿格尼丝的父亲——一位富有的谷物商人的资助下，于1874年开展了"女装饰师"业务。在那个英国住宅普遍昏暗、烦琐且华丽的时代，加勒特姐妹为她们时尚的朋友和亲戚，包括作曲家休伯特·帕里（Hubert Parry），以及阿格尼丝的姐姐、妇女选举权运动家米莉森特·福西特和开创性的女医生伊丽莎白·加勒特·安德森设计的房屋则更偏向于轻盈、细腻的风格。1876年，她们在《关于房屋装饰的建议》（*Suggestions on House Decoration*）一书中分享了如何打造"坚固而不张扬的室内装饰"的实用技巧，并在妇女选举权巡回演讲中回答了关于装饰的问题。1882年，当罗达因伤寒去世时，阿格尼丝悲痛欲绝，甚至考虑过中止业务。但她还是坚持了下来，将她对设计和政治的热爱结合起来，作为女士住宅公寓的创始董事为单身女性设计住房。在1905年退休前，她将全部精力投入妇女选举权运动中。

愤怒大军（Gran Fury）

成立于1988年的愤怒大军是一支由活动家设计师和艺术家组成的集体，他们致力于提高公众对艾滋病的认识，并纠正关于艾滋病的误解和错误信息。该组织以纽约警察局常用作监视用途的汽车型号命名，最初是ACT UP（艾滋病解放力量联盟）的一部分，但很快就决定独立运作。该组织设计海报、横幅、T恤和贴纸，以教育公众了解艾滋病的真实情况，直到1986年解散。其作品虽然制作成本低廉，但内容尖锐、诙谐且挑衅性强，口号如"接吻不会致命：贪婪和冷漠会"和"所有艾滋病患者都是无辜的"。一些愤怒大军的项目得到了文化机构的资助，包括纽约的新美术馆和惠特尼美国艺术博物馆，以及洛杉矶的当代艺术博物馆，但其作品始终在公共场所而非画廊展出，就是希望尽可能广泛地吸引观众。

非洲绿色长城（Great Green Wall of Africa）

非洲绿色长城是一项宏大的设计工程，由非洲联盟于2007年发起，旨在通过在撒哈拉沙漠南缘、从非洲西海岸的塞内加尔到东海岸的阿德恩湾的吉布提之间，种植一条长达5000英里（约8000千米）的树木和植物带来恢复萨赫勒地区的土地。目前有21个国家参与这一由非洲主导的集体计划，并得到《联合国防治荒漠化公约》的支持。不可避免的是，各国在进度和优先级上存在差异。埃塞俄比亚和塞内加尔在植树方面最为积极，而尼日尔则侧重于鼓励农民恢复传统的灌溉方法和防止土壤侵蚀。2021年初，当超过750英里的绿地被种植后，非洲绿色长城从由世界银行和法国政府牵头的捐助团体那里获得了140亿美元的资助。这笔资金大大增加了完成非洲绿色长城的可能性，该项目将成为世界上最大的生物结构，其规模比大堡礁大三倍。

约斯特·格鲁滕斯（Joost Grootens）

在他2010年出版的《我发誓我根本不使用艺术：10年，100本书，18788页的书籍设计》（*I Swear I Use No Art at All: 10 Years, 100 Books, 18788 Pages of Book Design*）一书中，约斯特·格鲁滕斯（1971年生）不仅用文字描述了这些书籍的设计过程，还用地图、图表、网格和其他信息图表来描述。书中包括他工作过的每个办公室和设计工作室的平面图，并用编码的数字来指示谁坐在哪里。一幅北欧地图显示了格鲁滕斯在阿姆斯特丹举行会议、印刷书籍和举办新书发布会的城市。书中包括他使用过的每一种字体的例子，每本书的装订照片，以及版式的编码图。书中还列出了与他合作过的所有作者、出版商、印刷商和同事的名单。格鲁滕斯一开始是研究建筑学的，后来从事多媒体工作，直到一家出版商邀请他制作书版CD-ROM。他通过扫描和描摹自己欣赏的书籍页面，自学了如何制作。自那以后，格鲁滕斯专注于重新发明传统的书籍类型学，包括地图集和字典，以使它们优于其数字对应物。"图像的质量、信息的集中和物质性都是书籍比电脑屏幕更有优势的特点，"他说，"设计师应该充分利用这些方面。"

贺晶（Jing He）

2016年，贺晶（1984年生）在埃因霍温设计学院完成了她的毕业项目，该项目研究了"复制"在构建中国设计身份中的作用。她以郁金香金字塔为例，这是17世纪荷兰人发明的一种建筑，模仿了中国塔的形状、象征意义和材料。贺晶邀请了5位来自不同领域的中国设计师，让他们各自设计新郁金香金字塔的两层，她自己则通过将荷兰设计的知名范例与自己的作品相结合，设计了第2个金字塔。贺晶出生在中国南部的昆明，她先在北京的中央美术学院学习珠宝设计，随后在荷兰阿姆斯特丹的格里特·里特费尔德学院学习，并最终在埃因霍温设计学院取得了情境设计硕士学位。她继续通过概念和设计研究项目，探索文化身份和移民问题。

克里斯·利尔本伯格·哈尔斯特罗姆（Chris Liljenberg Halstrøm）

克里斯·利尔本伯格·哈尔斯特罗姆，1977年出生于丹麦格洛斯特鲁普，母亲是瑞典人，父亲是丹麦人。他在瑞典和德国学习产品设计后，进入哥本哈根皇家美术学院深造。2007年毕业后，哈尔斯特罗姆在哥本哈根开设了自己的工作室。他一边为丹麦家具制造商（包括斯卡格拉克、Frama、A. Petersen和＋Halle）承接工业项目，一边在产品设计和刺绣领域开展实验性项目。他为斯卡格拉克设计的木质家具"乔治系列"赢得了许多国际设计奖项。自2014年以来，哈尔斯特罗姆与纺织设计师玛格丽特·奥德加德（Margrethe Odgaard）合作开展了"Included Middle"项目，这是一个探索形态、色彩和图案之间关系的合作项目。哈尔斯特罗姆为产品定义了一种既严谨又感性的设计语言，这些产品在形状、色彩和象征意义上都显得柔和而不张扬，因此每个人都可以根据自己的理解去诠释它们。

查尔斯·哈里森（Charles Harrison）

查尔斯·哈里森（1931—2018）是20世纪后期美国最多产的消费品设计师之一，他克服了偏见和压迫，成功开创了职业生涯，并在2008年成为首位获得美国国家设计奖终身成就奖的非裔美国人。哈里森出生于路易斯安那州的什里夫波特，他的设计启蒙来自他的父亲，一位工业艺术设计教授。另一个重要的早期影响来自他的外祖父，和哈里森的父亲一样，他也热爱木工工作。哈里森在芝加哥艺术学院和伊利诺伊理工学院学习设计，之后在芝加哥的商业设计咨询公司工作，期间他为西尔斯百货公司（Sears, Roebuck）完成了多个项目。1961年，西尔斯向他伸出了橄榄枝，哈里森成为首位在西尔斯芝加哥总部工作的非裔美国高管。此前几年，他曾多次向西尔斯申请工作，但均因公司不成文的拒绝雇佣非裔美国人的政策而遭到拒绝。在担任西尔斯设计主管的30多年里，哈里森参与了600多种产品的开发，包括吹风机、修枝剪、电动工具、烤面包机、割草机、独轮车和第一个塑料垃圾桶。1993年离开西尔斯后，哈里森在伊利诺伊大学和芝加哥艺术学院等院校教授设计课程。他整个职业生涯都倾向于实用主义的设计方法。"如果它不能完成其应有的功能，或者外观与其功能不符，我就会对其持保留态度，"他说道，"我认为胡桃夹子没有必要做成大象的形状。"

海拉·容格里斯（Hella Jongerius）

在荷兰代米尔村读完高中后，海拉·容格里斯（1963年生）报名参加了一个木工课程，随后在埃因霍温设计学院学习产品设计。她于1993年毕业，并在鹿特丹成立了自己的工作室，与楚格设计集团中的其他荷兰年轻设计师一同展出她的作品。容格里斯致力于探索如何将批量生产的产品赋予手工艺中人们珍视的微妙、独特和温暖感。她经常通过添加古董或手工陶罐上常见的小瑕疵，来暗示某个物件是手工制作的。容格里斯还通过创造鲜艳色彩和大胆纹理的不寻常组合来达到类似的效果。2008年，她将工作室从鹿特丹迁至柏林。她的许多早期项目都是自筹资金的限量版，但随后，容格里斯在工业规模上为全球品牌工作，包括宜家零售集团、荷兰皇家航空公司、美国纺织公司马哈姆（Maharam）以及瑞士家具制造商维特拉，并为后者进行了关于材料和色彩的长期研究。除了亲自进行编织和其他纺织品设计与生产方面的实验外，容格里斯还与荷兰设计评论家路易斯·舒文伯格（Louise Schouwenberg）合作，发起了"超越新"（Beyond the New）运动，旨在鼓励设计师在使用自然资源时更加负责任。正如容格里斯所说："有太多垃圾设计了。"

迪埃贝多·弗朗西斯·凯雷（Diébédo Francis Kéré）

布基纳法索建筑师迪埃贝多·弗朗西斯·凯雷（1965年生）自幼便需跋涉近25英里前往离甘多村最近的学校就读，甘多村正是他的出生地。当凯雷离开布基纳法索前往柏林学习建筑，并成为甘多村首位接受国外教育的村民时，村中的长者赠予他硬币作为信物，他们相信这能促使他学成归来，助力当地社区。他深知家乡需要一所好学校，于是着手筹集资金进行设计和建设。除了动员柏林的朋友支持该项目外，凯雷还从布基纳法索政府争取到一笔资金，用于培训当地人使用当地开采的压缩黏土制作学校的墙壁和天花板。建筑的每一个细节都旨在保护学生免受甘多严酷气候的侵扰，为他们遮挡强烈的阳光和倾盆大雨，并尽可能使室内保持凉爽。这所学校于2001年竣工，并因其卓越的成效而备受赞誉。此后，定居柏林的凯雷不仅扩建了这所学校，还在村里设计了更多的教育建筑。作为2022年普利兹克建筑奖得主，他还参与了布基纳法索其他地区，以及马里、也门、中国、瑞士和英国的建筑项目。

麦克斯·兰姆（Max Lamb）

英国设计师麦克斯·兰姆（1980年生）将先进技术与手工艺技巧相结合，创作出灵感源自他童年乡村记忆及乡村手工艺品的家具及其他物品。兰姆的作品以其对材料的痴迷和材料背后的故事为特色。他将北约克郡祖父的农场里一棵死去的树龄187年的雌性白蜡树转化为131个原木制成的座椅、桌子和长凳。他通过将四种不同类型的大理石混合，创造出一种新型人造大理石的配方，这些大理石均采自意大利北部维罗纳附近的矿场，每一种都拥有丰富的历史背景。兰姆为英国陶瓷制造商1882 Ltd设计的餐具系列，包括盘子、碗、杯子、水罐和花瓶，其灵感来源于童年时期在康沃尔郡大雨滂沱时，家中附近流淌的白色液态陶土溪流。餐具部分采用相同类型的陶土制成，使用兰姆用石匠凿子敲打石膏块制成的模型模具,以确保表面看起来既奇特又富有节奏感,并使每种相同类型的物品都显得独一无二。

加布里埃尔·A. 马赫（Gabriel A. Maher）

加布里埃尔·A.马赫（1983年生）的设计研究工作,以及概念性和表现性设计项目,均以性别政治为核心。除了探讨设计行业和媒体对我们性别观念的影响外,马赫还在一系列"设计"（DE_SIGN）项目中研究了更具流动性和表现力的替代方案的可能性。马赫出生于澳大利亚悉尼,曾在新南威尔士大学学习室内建筑与设计,随后在悉尼和墨尔本从事教学和实践活动。2012年,马赫移居荷兰,在埃因霍温设计学院攻读社会设计硕士学位。2014年,他以一项研究项目获得硕士学位,该项目分析了荷兰设计杂志《框架》一年内的刊物的性别呈现方式。自那以来,马赫开始在全球范围内进行讲座和表演。

克里斯蒂安·梅因德斯马（Christien Meindertsma）

克里斯蒂安·梅因德斯马（1980年生）于2004年完成了她的第一个设计项目。这个项目始于9·11恐怖袭击后,她购买了阿姆斯特丹史基浦机场在一周内安全检查期间没收的3267件物品,并对它们进行了分类和记录。此后,她继续将严谨的研究方法应用于多个领域,包括荷兰农场的亚麻收割、一位女性的编织作品、伊利诺伊州纳丘萨草原上生长的草原植物、一头猪的内脏解剖,以及荷兰自然保护区中食腐动物啃食后留下的路毙动物残骸。梅因德斯马的工作总是能带来令人意想不到的发现和深刻的见解。她不仅是一位设计师,更是一位创造者,擅长将那些通常被视为损坏、废弃或无价值的东西转化为实用的艺术品。她利用亚麻编织出舒适的椅子,用草原植物制成色彩丰富的纸张,并探索旧油毡地板的再生利用。同时,她对猪内脏的深入研究,揭示了食品与农业政策中的复杂性和矛盾之处。而那些路毙动物的遗骸，在她的手中被赋予了新的生命，变成了一套精美的骨瓷餐具，展现出她对生命的尊重和对材料的深刻理解。

孟菲斯（Memphis）

1980年12月11日的傍晚，61岁的埃托·索特萨斯在米兰的寓所中召集了一群年轻的设计师，邀请他们共同创作一系列家具，这些作品计划在1981年的米兰国际家具展上展出。这是一场对过去几十年来主导工业设计的禁欲主义现代主义风格的反叛。他们之所以将这一团体命名为"孟菲斯"，是因为当晚唱机中正播放着鲍勃·迪伦（Bob Dylan）的《再一次被孟菲斯蓝调困在莫比尔小镇里》(*Stuck Inside of Mobile with the Memphis Blues Again*)，而唱针恰好卡在了"孟菲斯蓝调重现"（Memphis Blues Again）这一句上。他们设计的家具色彩鲜艳、风格张扬，并带有一种欢快的媚俗感。从理念上讲，孟菲斯并非完全创新：大多数设计理念在20世纪70年代就已由像"炼金术工作室"（Studio Alchimia）这样的激进设计团体提出，而索特萨斯曾与他的朋友亚历山德罗·门迪尼在该工作室有过合作。但孟菲斯之所以引人注目，很大程度上要归功于索特萨斯在营销方面的天赋。在米兰国际家具展的首展开幕时，展厅外排起了长队。索特萨斯与他的年轻合作伙伴们在由日本设计师梅田正典设计的"对话坑"（一个类似拳击擂台的装置）中合影的照片被全球设计杂志争相刊登。孟菲斯因其炫耀性和媒体敏锐度，以一种易于理解的方式展示了时尚但往往深奥难解的后现代主义设计理论，这在设计界中相当于罗纳德·里根（Ronald Reagan）的"拍照总统"形象，或是早期MTV广告中身着灯笼裤、自我陶醉的新浪漫主义者。然而，索特萨斯对豹纹印花塑料层压板的热情终有尽头，1985年，他退出了孟菲斯，随后，他的大多数年轻合作伙伴也相继离去。

亚历山德罗·门迪尼（Alessandro Mendini）

意大利产品设计师和建筑师亚历山德罗·门迪尼（1931—2019）出生于米兰的一个富裕家庭，并在米兰理工大学学习建筑。毕业后，他在马尔切洛·尼佐利（Marcello Nizzoli）的建筑工作室工作，尼佐利是意大利电子公司奥利维蒂的首席设计顾问。奥利维蒂是门迪尼创立的一家公司，它成为现代企业设计的典范。到了20世纪60年代末，门迪尼已经完全沉浸在意大利的激进设计运动中。在这一运动中，阿基佐姆和超级工作室等团体将设计视为一种概念工具，通过开发乌托邦项目来挑战既定规则。门迪尼在20世纪70年代初担任设计杂志《美宅》（Casabella）的编辑时，积极推广激进设计；到了20世纪70年代末至80年代初，他又担任《多姆斯》杂志的主编，为后现代主义摇旗呐喊。在此期间，他继续设计充满政治色彩的概念项目，例如，通过拍摄其标志性的1974年木制椅子Lassù被火烧毁的过程。1985年，门迪尼离开《多姆斯》，与他的弟弟弗朗西斯科（Francesco，1939年生）一起发展建筑事业，特别是领导了一群国际建筑师，共同设计了荷兰的格罗宁根博物馆。

拉兹洛·莫霍利–纳吉（László Moholy-Nagy）

拉兹洛·莫霍利-纳吉（1895—1946）是20世纪初最具活力的设计师和视觉理论家之一，他出生于匈牙利南部巴克斯博罗德的一个关系网广泛但经济拮据的犹太家庭。第一次世界大战期间，他在匈牙利军队服役，之后前往布达佩斯学习艺术，并加入了当时在该市新兴的构成主义团体（constructivist groups）。1919年，莫霍利-纳吉离开匈牙利，先后在维也纳和柏林定居，并在那里成为一位富有魅力的前卫艺术家和视觉理论家。在20世纪20年代中期，莫霍利-纳吉在包豪斯担任教师，以及之后在荷兰和英国的短暂流亡期间，继续在新媒体领域进行实验，包括摄影和电影。1937年，他与家人移居美国后，在芝加哥创办了两所设计学校,继续他的创新实践。莫霍利-纳吉的作品既多产又富有创新性,作品范围广泛且多元,包括绘画、摄影、电影、舞台布景、平面设计、雕塑和工业设计,同时他还撰写了大量文章和书籍,其中最著名的是在他去世一年后出版的《运动中的视觉》。长期以来,莫霍利-纳吉因其在电影和摄影领域的开创性工作,以及跨越不同创意学科的广泛实践而受到赞誉。如今,他在数字图像设计早期的重要影响地位也日益得到认可。

卡洛·莫利诺(Carlo Mollino)

卡洛·莫利诺(1905—1973),这位20世纪中叶极具天赋的意大利家具设计师,通过选择在他的出生地都灵生活和工作,与米兰的主流设计界保持了距离。他性格复杂且常常特立独行,被身为富商的父亲称为"一无是处的败家子",而被大学朋友用"邪恶的"来形容。他通过营造神秘氛围,并自诩为蓄着胡子的哑剧反派,强化了自己作为"意大利设计界的暗黑王子"的形象。自1973年他突然离世后,关于他的众多传说层出不穷,使得事实与虚构之间难以分辨。他是否真的整天睡觉、整夜工作?是否真的在勒芒赛道上驾驶自己设计的汽车参赛?是否真的坚持只在周日制作家具,以确保工作室无人知晓?是否真的驾驶飞机撞上高压线却奇迹生还?莫利诺才华横溢且自律严谨,同时也带有一丝颓废的气息。他在都灵设计的建筑、室内装饰和物品都充满了原创性和巧妙构思,至今仍然具有巨大的影响力。

汉斯·蒙德曼(Hans Monderman)

汉斯·蒙德曼(1945—2008)出生于荷兰北部的吕伐登,起初是一名土木工程师,但很快对人们如何对道路做出反应产生了与建设道路同等的兴趣。为了更好地理解道路使用者的心理,蒙德曼接受了高级驾驶教练的培训,并担任了事故调查员。1979年,他找到了一个能够结合自己所有兴趣的角色，成为弗里斯兰地区的交通安全顾问。在20世纪80年代和90年代，蒙德曼在弗里斯兰城镇和乡村的道路上进行了一系列激进的实验。他移除了道路标志和其他交通控制措施，因为他相信如果司机和行人感到困惑，他们可能会更加谨慎地行动。自那以后，蒙德曼的"裸街"或"共享街道"理念已被世界各地的城镇和城市所采用。

海洋清理（The Ocean Cleanup）

污染海洋的塑料碎片是我们最大的污染问题之一，尤其是在北太平洋地区，塑料构成了"大太平洋垃圾带"的主体，该垃圾带在那里积聚，规模已大于德克萨斯州。总部位于荷兰代尔夫特的"海洋清理"组织由博扬·斯拉特（Boyan Slat，1994年生）于2013年创立，当时他正在那里学习航天工程，并构思了这一理念。斯拉特发起了一场充满激情的众筹活动，以筹集资金完成一个巨型浮动结构的原型设计和初步测试。该结构旨在收集并封存塑料垃圾，然后再将其从水中移除，以便在陆地上进行负责任的回收和处理。2014年，他成功地从160个国家的38000名捐赠者那里筹集到了创纪录的220万美元，并组建了一支由设计师、科学家、工程师和其他专家组成的团队，以完善这项技术。尽管遭到科学家和生态学家的批评，"海洋清理"组织仍在北海荷兰海岸附近测试了其浮动结构，并在2017年春季宣布，该组织又筹集到了2200万美元捐款，使总金额达到3150万美元。随后，该组织于2021年完成了从太平洋收集并清除塑料垃圾的现场测试，并对捕获的垃圾进行了回收。"海洋清理"组织还设计了一种名为"拦截器"的新系统，该系统已研发成功，用于拦截河流中的塑料垃圾，从而阻止其流入海洋。

维克多·帕帕奈克（Victor Papanek）

维克多·帕帕奈克（1923—1998）出生于"红色维也纳"，后在英国接受教育，并于1939年为躲避第二次世界大战而移居美国。在亚利桑那州的西塔里埃森参加了其设计偶像弗兰克·劳埃德·赖特（Frank Lloyd Wright）所办的建筑学校学习后，帕帕奈克在纽约库伯联盟学院（Cooper Union）学习建筑和设计，并在麻省理工学院注册了创意工程课程。在尝试过并厌恶了商业设计工作后，他投身于教学和设计研究事业，在与纳瓦霍人、因纽特人和其他原住民共同生活期间，他开展了人类学项目。帕帕奈克将他的观察结果浓缩进了他1971年出版的著作《为真实世界而设计：人类生态与社会变革》中，该书阐述了他对人性化与可持续设计的愿景。书中引用了赫尔曼·黑塞（Hermann Hesse）、阿瑟·库斯勒（Arthur Koestler）的作品，介绍了科罗拉多州"滴城"公社的后工业住宅，以及一个由猪粪供电的加利福尼亚农场。该书是设计类出版物中最畅销的书籍之一。

夏洛特·佩里安（Charlotte Perriand）

法国设计师和建筑师夏洛特·佩里安（1903—1999）是一位足智多谋且坚韧不拔的人物，她在追求社会和政治关切的同时，为现代主义做出了重要贡献。她的父母都是巴黎高级定制时装屋的熟练工人，她从小就在工匠的包围中长大，并在中央装饰艺术联盟学习室内设计。随后，佩里安加入了勒·柯布西耶在巴黎的工作室，为他的建筑项目设计家具。当时，她偏爱一种冰冷而优雅的技术风格的设计，但从20世纪30年代末期开始，尝试将现代主义原则应用于她祖父母所居住的阿尔卑斯地区萨瓦省的乡村材料和象征主义中。在第二次世界大战期间滞留在日本和越南的那段时间，她对亚洲传统手工艺的研究使她对现代主义的有机理解得到了升华。第二次世界大战后回到法国，佩里安通过为法国航空公司和其他企业客户承接项目，以及为她热爱的萨瓦省梅里贝尔设计新滑雪胜地的项目，确立了自己建筑师的地位。

弗兰克·皮克（Frank Pick）

1933年，伦敦最受欢迎的标志之一——由绘图员哈里·贝克设计的巧妙图解伦敦地铁图问世了。同年，弗兰克·皮克（1878—1941）被任命为新成立的伦敦客运运输委员会（London Passenger Transport Board）的总经理，这看起来颇为合理。皮克是一名训练有素的律师，于1906年加入伦敦地铁公司，担任副董事长助理。在逐步晋升的过程中，他逐渐对设计在塑造网络形象方面的重要性有了异常深刻的理解。在他的影响下，诸如曼·雷（Man Ray）、格雷厄姆·萨瑟兰（Graham Sutherland）、爱德华·麦奈特·考夫和保罗·纳什（Paul Nash）等艺术家被委托设计海报，拉兹洛·莫霍利-纳吉也是其中之一。皮克还帮助爱德华·约翰斯顿（Edward Johnston）设计了伦敦地铁的字体，以及著名的红白蓝相间的"靶心"圆形标志。至关重要的是，皮克意识到，如果他那些富有灵感的设计委托要发挥效用，就必须得到严格的维护。在1940年退休前，他都利用晚上和周末的时间，乘坐地铁往返于网络的两端，检查每一样事物是否都符合要求。皮克会记录下任何故障，并在第二天发送备忘录，指示仓库和车站管理人员清除剥落的海报或修补磨损的室内内饰。

艾米丽·皮洛顿（Emily Pilloton）

美国设计师艾米丽·皮洛顿（1981年出生）于2008年在加利福尼亚州肯特菲尔德市父母家的餐桌上，用1000美元的积蓄创立了H项目，并将其发展成为一个国际人道主义设计师网络。她渴望回归基层活动，因此与人合作创办了H工作室，这是一门实验性的高中设计课程。H工作室旨在培养孩子们的设计和制作技能，作为他们一生的资源，帮助他们变得更加自信、足智多谋和富有想象力。随后，皮洛顿又创立了女孩车库（Girls Garage），这是一系列夏季和课后工作坊，教授顺性别女孩、跨性别女孩、非二元性别青年、酷儿青年，以及其他所有自认为是女孩的9~17岁青少年设计和建筑技术。这些工作坊涵盖了设计、电子、木工、建筑、工程、焊接、维修和领导力等多个领域，旨在"建立信心、毅力和信念，相信生活和世界上一切皆有可能"。每位营员毕业时都会获得一张"无畏建造者女孩"证书。该项目的口号是"熔断金属。制造麻烦。大声说出来。脱颖而出"。皮洛顿还发起了一项"非专业发展"计划，帮助教师学习如何教授设计、制作和建筑技能。

克拉拉·波塞特（Clara Porset）

克拉拉·波塞特（1895—1981）尽管被三次逐出自己的祖国古巴，但她却成为20世纪最具影响力的家具设计师之一，无论是在她的祖国古巴还是在她的第二故乡墨西哥。波塞特出生于一个富裕的古巴家庭，曾在纽约和巴黎学习，后于1932年回国，但却因政见激进而被驱逐出境。3年后，她再次被驱逐，并与她的情人，艺术家和活动家哈维尔·格雷罗（Xavier Guerrero）逃到墨西哥。他们在全国各地参观工艺作坊，研究墨西哥的手工遗产。波塞特通过为路易斯·巴拉甘（Luis Barragán）、恩里克·亚涅斯（Enrique Yáñez）和其他建筑师设计家具，将现代主义的效率与墨西哥工艺文化的感官品质融合在一起，定义了一种独特的设计语言。1952年，她在墨西哥的贝拉斯艺术宫（Palacio de Bellas Artes）举办的展览"日常生活中的艺术"（*Art in Daily Life*）将工业和手工制品结合在一起，宣告了她的信念，即工艺和工业可以相互丰富。波塞特在墨西哥的成功促使菲德尔·卡斯特罗（Fidel Castro）在1959年掌权后邀请她回到古巴，以创办一所设计学校。但由于与学校同事和卡斯特罗政权不和，她和格雷罗于1963年返回墨西哥。

和平陶艺家（Potters for Peace）

由美国非营利组织和平陶艺家运行的陶瓷水过滤器项目，是帮助全球超过十亿无法获得清洁、安全饮用水的人群的一种极为有效的方式。这款过滤器的设计模板由危地马拉设计师兼化学家费尔南多·马萨里戈斯（Fernando Mazariegos）于1981年设计，形状为水桶，由当地混合锯末或稻壳的陶土制成。过滤器在高温下烧制，使黏土变得多孔，让水能够通过，同时留下所有杂质。1998年，和平陶艺家的成员在试图帮助中美洲飓风米奇的受害者时，发现了马萨里戈斯的过滤器。于是，和平陶艺家在尼加拉瓜设立了一个工作坊，在6个月内生产了超过5000个过滤器。他们认为，提高产量的最有效方式是培训当地社区自己制造过滤器，于是为此启动了一项长期计划。此后，该计划帮助在数十个国家建立了工作坊，并向急需清洁水的人们分发了数十万个过滤器。

让·普鲁维（Jean Prouvé）

法国设计师、建筑师和制造商让·普鲁维（1901—1984）热衷于现代主义理想，即运用设计和技术来改善大众的生活。他出生于巴黎，在南锡长大，他的父亲维克多（Victor）与人共同创立了南锡学校（École de Nancy），这是一个由当地艺术家、工匠和工业家组成的团体，他们推崇新艺术运动。普鲁维在巴黎跟随铁匠大师学习后，于1923年在南锡开设了一家铁匠铺，制作锻铁格栅和门，后来还为学校、工厂和医院制作家具及其他建筑构件。普鲁维在设计上采取了毫不妥协的实用主义方法，在开发每件作品时都力求用最少的材料实现其功能。第二次世界大战期间，他加入了法国抵抗组织，并开始研究预制结构的设计，以便快速组装，这些设计在战后应用于应急住房。普鲁维于1947年在南锡开设了一家工厂，设计了更复杂的预制形式，但5年后因资金问题被迫离开。"如果人们能理解，那就没有必要解释，"他写道，"如果他们不理解，那解释也没用。"

迪特·拉姆斯（Dieter Rams）

在德国电子产品公司博朗担任首席设计官的30多年里，迪特·拉姆斯（1932年生）定义了一种智能、共情且高效的设计语言，帮助第二次世界大战后的消费者与以往令人畏惧的电子产品世界建立联系。拉姆斯在博朗的工作成果自此成为现代设计的典范。他出生于威斯巴登，在当地艺术学校学习建筑和室内设计。1953年毕业后，拉姆斯加入了一家法兰克福建筑师事务所。1955年，他和同事们在当地报纸上看到了一个博朗公司招聘内部设计师的职位广告，他们相互鼓励，一起申请了博朗的建筑师职位。拉姆斯成功获得了这个机会。他最初在博朗的工作是设计展览装置，后来逐渐涉足产品设计。他从头至尾参与设计的第一个产品是SK4，这是一款1956年的唱片播放机和收音机，其冰冷的审美设计使其获得了"白雪公主之棺"的绰号。除了在博朗开发的数百种产品外，拉姆斯还为制造商维托索（Vitsoe）设计了模块化家具系统，包括储物柜、座椅、书桌和桌子，这些家具可以根据每个用户的需求进行配置。

莉莉·赖希（Lilly Reich）

当莉莉·赖希（1885—1947）于1926年遇到建筑师密斯·凡德罗时，她已经是德国最具创新性的室内设计师之一，并且是第一位加入德意志制造联盟（Deutscher Werkbund）管理委员会的女性。她与密斯成为恋人，但各自拥有独立的工作室，同时在住房、建筑和服装的展览，以及密斯建筑（包括巴塞罗那馆和布尔诺别墅）的家具和室内设计上展开合作。1930年，密斯成为包豪斯院长后两年，他任命赖希为编织和室内工作坊的负责人。她管理了学校的大部分行政事务，直到纳粹在1933年关闭学院。密斯流亡到美国，成为第二次世界大战后最著名的建筑师之一。赖希在战时德国的艰难生活中遭受了巨大的痛苦，并在战争结束后两年去世。多亏了她的勇气和远见，密斯在战前的工作档案和她自己的档案在战争中得以完整保存，现在这些档案是纽约现代艺术博物馆收藏的一部分。赖希对密斯在建筑设计上的影响程度尚不清楚，但特别是他在第二次世界大战后的建筑室内设计中，很少像与她合作设计的那样精致而感性。

威廉·桑德伯格（Willem Sandberg）

荷兰策展人和平面设计师威廉·桑德伯格（1897—1984）出生于阿默斯福特的一个富裕家庭。他在阿姆斯特丹学习艺术，之后在欧洲各地游历数年，曾在包豪斯学习，并在一家瑞士印刷厂工作，对排版产生了浓厚的兴趣。回到阿姆斯特丹后，桑德伯格开设了一家平面设计工作室，主要为市立博物馆工作，该博物馆最终任命他为策展人。在第二次世界大战期间，荷兰被德国占领，桑德伯格加入了荷兰抵抗组织，并在战争的最后15个月里被迫躲藏起来。和平宣布后，他返回阿姆斯特丹，被任命为市立博物馆馆长，并坚持将他的馆长职责与博物馆的所有平面设计工作结合起来。1962年从市立博物馆退休后，桑德伯格继续执行设计项目，包括新成立的耶路撒冷以色列博物馆的视觉形象和一套荷兰邮票。

健康故事（Sehat Kahani）

巴基斯坦医生萨拉·赛义德·库拉姆（Sara Saeed Khurram）和伊法特·扎法尔·阿加（Iffat Zafar Aga）于2017年共同创立了"Sehat Kahani"，在乌尔都语中意为"健康故事"。这是一个远程医疗平台，通过该平台，女性患者可以接受女性医生的远程治疗。她们的目标是帮助像她们自己这样的"医生新娘"（婚后或生育后停止行医的女性）在巴基斯坦各地的电子健康诊所为女性患者提供治疗。2019年，健康故事推出了一项基于应用程序的服务，使她们能够同时治疗男性和女性患者。在新冠疫情期间，当地诊所关闭但需求激增时，这款应用程序证明了其无可估量的价值。健康故事通过招募更多医生和社区医护人员来容纳更多患者。截至2022年初，该平台已在巴基斯坦为超过320万人提供了治疗服务。

埃托·索特萨斯二世（Ettore Sottsass Jr.）

建筑师兼设计师埃托·索特萨斯二世（1917—2007）出生于因斯布鲁克，母亲是奥地利人，父亲（也叫埃托，也是一名建筑师）是意大利人。索特萨斯在都灵长大，并在那里的大学学习建筑。1939年毕业后，他在第二次世界大战期间加入了意大利军队，但随后被俘并被关押在战俘营中。在萨拉热窝附近的一个集中营里度过了一段艰难时光后，他回到了意大利，为父亲工作了1年，然后于1946年在米兰开设了自己的设计工作室。索特萨斯通过设计展览布景、贸易博览会展台，以及偶尔制作一些家具来维持生计，同时他还为艺术和建筑杂志《多姆斯》撰写文章，参与设计讨论。1956年，他和妻子、作家费尔南达·皮瓦诺（Fernanda Pivano）飞往纽约，在那里，索特萨斯接受了与工业设计师乔治·尼尔森（George Nelson）合作1个月的带薪工作邀请。回到意大利后不久，索特萨斯开始与办公设备公司奥利维蒂进行长期且富有成效的合作，这使他成为意大利设计界的一股重要力量。除了为奥利维蒂、波尔特罗诺瓦（Poltronova）和阿莱西（Alessi）等公司设计大批量生产的产品外，索特萨斯还与意大利手工艺人合作，制作了更小批量的陶瓷和玻璃器皿。尽管如此，他最为人所知的是作为孟菲斯的领袖，普及了后现代主义，该集团是他于1980年在米兰创立的。

冈塔·施托尔茨尔（Gunta Stölzl）

冈塔·施托尔茨尔（1897—1983）出生于慕尼黑，在该市的应用艺术学校学习玻璃绘画和陶瓷艺术。该校由进步建筑师理查德·里默施密德（Richard Riemerschmid）管理，他鼓励她进行实验。第一次世界大战期间，施托尔茨尔自愿担任红十字会护士，在法国和意大利前线工作，之后回到慕尼黑继续学业，随后进入了一所新的、据说更为激进的学校——包豪斯。她被分配到"女子班"学习纺织，在那里，她尝试了新的染料、整理和装饰方法，并开发了合成纤维。施托尔茨尔还设计了创新的纺织品测试方法，以测试其强度、耐光性和耐用性。作为包豪斯的教师，她鼓励学生也这样做。由于嫁给了一位包豪斯成员——巴勒斯坦建筑师阿里耶·沙龙（Arieh Sharon），她失去了德国国籍，因此成为纳粹迫害的对象，并于1931年被包豪斯解雇。同年，她与女儿雅艾尔（Yael）离开德国前往瑞士，而沙龙则返回巴勒斯坦。5年后，他们离婚了。在瑞士，施托尔茨尔通过承接大型编织委托重建了自己的事业，并与他人共同创立了几家纺织厂，包括手织工作室弗洛拉（Hand Weaving Studio Flora）。

对话之手（Talking Hands）

当意大利北部城市特雷维索的艺术指导兼活动家法布里齐奥·乌列蒂尼（Fabrizio Urettini，1972年生）意识到政府正越来越多地将年轻的寻求庇护者临时安置在该地，而他们往往因无所事事而感到空虚时，他决定采取行动。2016年，他成功地说服了一群朋友（这些朋友都是生活在特雷维索或威尼斯的设计师）自愿在一个由旧军营改造而成的工坊中开设木工、刺绣、产品设计、纸样制作和其他实用技能的课程。他的初衷是让难民们能够充实地利用时间，通过学习或提升职业技能，使他们能够在未来找到工作，同时通过在网上和当地市集上销售自己的手工艺品来赚取收入，以支持"对话之手"项目的运营，并改善他们自身的生活条件。"对话之手"不仅提供手工艺课程，还设立了一项服务，让当地人可以带来家具和其他物品进行修复。此外，该组织还开设了读写能力和意大利语课程，以帮助难民在意大利开始新的生活。同时,他们还提供法律、医疗支持和公共餐饮服务。

维特拉校园(Vitra Campus)

维特拉校园的建设始于一场灾难。1981年,位于瑞士与德国边境附近莱茵河畔魏尔的原家具工厂和仓库被大火摧毁。当时维特拉公司的董事长罗尔夫·费尔鲍姆(Rolf Fehlbaum)委托英国建筑师尼古拉斯·格雷姆肖(Nicholas Grimshaw)设计两座新工厂以替代被毁的建筑。在与美国建筑师弗兰克·盖里会面后,费尔鲍姆邀请他设计第3座工厂和一个小型博物馆,用于展示维特拉迅速扩张的现代和当代家具收藏。维特拉随后实现了扎哈·哈迪德的第一个建筑作品——于1993年竣工的消防站,并给了安藤忠雄(Tadao Ando)在欧洲的第一个项目——会议中心。维特拉公司的建筑收藏品后续还有妹岛和世与西泽立卫(SANAA)的第一个工业建筑,以及赫尔佐格与德梅隆的两个项目——维特拉之家(Vitra Haus)和展示仓库档案与策展研究中心(Schaudepot archive and curatorial research center)。校园内还有由贾斯珀·莫里森设计的公交站亭、巴克敏斯特·富勒的测地线圆顶屋之一、让·普鲁维的加油站,以及皮特·奥多夫设计的花园。

柳宗悦(Sōetsu Yanagi)

作为20世纪30年代日本民艺运动的联合发起人,哲学家与文化史学家柳宗悦(1889—1961)在推动根植于日本手工艺传统美学与价值观的现代日本设计方面发挥了重要作用。柳宗悦出生于东京的一个富裕家庭,在二十几岁时,他痴迷于西方哲学、科学和文化,同时也对日本和韩国的历史艺术与工艺,特别是农村工匠制作的"民间工艺品"产生了浓厚兴趣。通过他的演讲和著作,柳宗悦推崇民间工艺的纯粹与质朴,以替代他所见的工业化的野蛮。他口才出众、魅力非凡,通过与英国陶艺家伯纳德·里奇(Bernard Leach)、日裔美国雕塑家野口勇（Isamu Noguchi）、德国建筑师布鲁诺·陶特（Bruno Taut）和他的儿子柳宗理的友谊，对日本及其他国家的艺术家和知识分子产生了深远的影响。

柳宗理（Sori Yanagi）

柳宗理（1915—2011）出生于东京，在他青少年时期，父亲柳宗悦与他人共同发起了民艺运动，致力于弘扬日本民俗和工艺传统的美德。柳宗悦在日本文化界占据核心地位，他引领儿子结识了一系列日本及西方的艺术家、建筑师和设计师。20世纪40年代初，柳宗理在东京学习艺术与建筑时，曾担任法国设计师夏洛特·佩里安的翻译，后者引领他踏入了产品设计领域。第二次世界大战后，柳宗理通过将父亲在民艺中珍视的简约、坚固与微妙等传统品质与佩里安的技术现代主义愿景相结合，成为日本最具影响力和最多产的工业设计师之一。他设计了一系列令人瞩目的产品，从下水道井盖到酱油壶，再到1972年札幌冬奥会的官方火炬。他的作品至今仍被数百万日本家庭日常使用。

参考文献

注释中引用的所有网站均于 2022 年 6 月访问并核实。

Stanley Abercrombie, *George Nelson: The Design of Modern Design* (1995), MIT Press, Cambridge, Massachusetts 2000.

Annmarie Adams, *Architecture in the Family Way: Doctors, Houses and Women, 1870–1900*, McGill-Queen's University Press, Montreal, Quebec and Kingston, Ontario 2001.

Glenn Adamson, *Craft: An American History*, Bloomsbury Publishing, London 2021.

Glenn Adamson, Jane Pavitt (ed.), *Postmodernism: Style and Subversion, 1970–1990*, exh. cat., V&A Publishing Ltd, London 2011.

Anni Albers, *On Weaving* (1965), Princeton University Press, Princeton, New Jersey and Woodstock, New York 2017.

Ed Annink, Max Bruinsma (eds.), *Gerd Arntz: Graphic Designer*, 010 Publishers, Rotterdam 2010.

Paola Antonelli (ed.), *Design and the Elastic Mind*, The Museum of Modern Art, New York 2008.

Paola Antonelli, Jamer Hunt (eds.), *Design and Violence*, The Museum of Modern Art, New York 2015.

Paola Antonelli, Michelle Fisher (eds.), *Items: Is Fashion Modern?* The Museum of Modern Art, New York 2017.

Paola Antonelli (ed.), *Talk To Me: Design and Communication between People and Objects*, The Museum of Modern Art, New York 2011.

Marie J. Aquilino (ed.), *Beyond Shelter: Architecture and Human Dignity*, Metropolis Books, New York 2011.

Judy Attfield, Pat Kirkham (eds.), *A View from the Interior: Feminism, Women and Design*, The Women's Press, London 1989.

Phil Baines, *Penguin by Design: A Cover Story 1935–2005*, Allen Lane, London 2005.

Reyner Banham, *Theory and Design in The First Machine Age* (1960), Butterworth Architecture, Oxford 1992.

Stephen Banham, *Characters: Cultural Stories Revealed through Typography*, Thames & Hudson, London 2011.

Roland Barthes, *The Fashion System* (1967), University of California Press, Berkeley, California 1990.

Roland Barthes, *Mythologies* (1957), Paladin, Frogmore 1973. Jennifer Bass, Pat Kirkham, *Saul Bass: A Life in Film & Design*, Laurence King Publishing, London 2011.

Jean Baudrillard, *The System of Objects* (1968), Verso, London 2005.

Bauhaus-Archiv Berlin, Stiftung Bauhaus Dessau, Klassik Stiftung Weimar, *Bauhaus: A Conceptual Model*, Hatje Cantz Verlag, Ostfildern-Ruit 2009.

Herbert Bayer, Ise Gropius, Walter Gropius (eds.), *Bauhaus 1919-1928*, The Museum of Modern Art, New York 1938.

Honor Beddard, Douglas Dodds, *Digital Pioneers*, V&A Publishing, London 2009.

Silvia Benedito, *Atmosphere Anatomies: On Design, Weather, and Sensation*, Lars Müller Publishers, Zurich 2021.

Marshall Berman, *All That Is Solid Melts Into Air: The Experience of Modernity*, Verso, London 1990.

Anthony Bertram, *Design*, Penguin, Harmondsworth 1938.

John R. Blakinger, *Gyorgy Kepes: Undreaming the Bauhaus*, MIT Press, Cambridge, Massachusetts 2019.

Regina Lee Blaszczyk, *The Color Revolution*, MIT Press, Cambridge, Massachusetts 2012.

Andrew Blauvelt, Ellen Lupton (eds.), *Graphic Design: Now in Production*, Walker Art Center, Minneapolis, Minnesota 2011.

Florian Böhm (ed.), *KGID Konstantin Grcic Industrial Design*, Phaidon Press, London 2005.

Olivier Boissière, *Starck ©*, Taschen, Cologne 1991.

Irma Boom (ed.), *Irma Boom: Biography in Books, Books in Reverse Chronological Order 2010-1986*, University of Amsterdam Press, Amsterdam 2010.

Irma Boom (ed.), *Irma Boom: The Architecture of the Book, Books in Reverse chronological order 2013-1986*, Lecturis, Eindhoven 2013.

Irma Boom (ed.), *Irma Boom: Book Manifest*, Walther & Franz König, Cologne 2022.

Achim Borchardt-Hume (ed.), *Albers and Moholy-Nagy: From the Bauhaus to the New World*, exh. cat., Tate Publishing, London 2006.

Ralph Borland, Michael John Gorman, Bruce Misstear, Jane Withers, *Surface Tension: The Future of Water*, Science Gallery, Dublin 2011.

Ronan Bouroullec, Erwan Bouroullec (eds.), *Ronan and Erwan Bouroullec*, Phaidon Press, London 2003.

Charles Arthur Boyer, Federica Zanco, *Jasper Morrison*, Éditions dis Voir, Paris 1999.

Kim Brandt, *Kingdom of Beauty: Mingei and the Politics of Folk Art in Imperial Japan*, Duke University Press, Durham, North Carolina 2007.

Christopher Breward, Ghislaine Wood (eds.), *British Design from 1948: Innovation in the Modern Age*, exh. cat., V&A Publishing, London 2012.

Giovanni Brino, *Carlo Mollino: Architecture as Autobiography*, Thames & Hudson, London 1987.

Jacob Bromberg, Michael Connor, Clara Meister, Kristina Scepanski (eds.), *Elephant Child: Camille Henrot*, Inventory Press/Koenig Books, New York/London 2016.

Rita Brons, Bernard Colenbrander (eds.), *New Dutch Water Defence Line*, 010 Publishers, Amsterdam 2009.

Charlotte Brontë, *The Letters of Charlotte Brontë: With a Selection of Letters by Family and Friends: Volume Two, 1848-1851*, Oxford University Press, Oxford 2000.

Jerry Brotton, *A History of the World in Twelve Maps*, Allen Lane, London 2012.

Tim Brown, *Change by Design: How Design Thinking Transforms Organizations and Inspires Innovation* HarperCollins Publishers, New York 2009.

Cheryl Buckley, *Potters and Paintesses: Women Designers in the Pottery Industry 1870–1955*, The Women's Press, London 1990.

R. Buckminster Fuller, *Operating Manual for Spaceship Earth*, Southern Illinois University Press, Carbondale, Illinois 1969.

Peter Burke, *The Fabrication of Louis XIV*, Yale University Press, New Haven, Connecticut 1992.

Jason T. Busch, Catherine L. Futter (eds.), *Inventing the Modern World: Decorative Arts at the World's Fairs 1851–1939*, Skira Rizzoli International Publications, New York 2012.

Martha Buskirk, Mignon Nixon (eds.), *The Duchamp Effect: Essays, Interviews, Round Table*, MIT Press Cambridge, Massachusetts 1996.

Vincent Catz (ed.), *Black Mountain College: Experiment in Art*, MIT Press, Cambridge, Massachusetts 2013.

Germano Celant (ed.), *Espressioni di Gio Ponti*, Electa, Milan 2011.

C. J. Chivers, *The Gun: The AK-47 and the Evolution of War*, Allen Lane, London 2010.

Deborah Cohen, *Household Gods: The British and their Possessions*, Yale University Press, New Haven, Connecticut 2006.

Alex Coles (ed.), *EP/Volume. 2: Design Fiction*, Sternberg Press, Berlin 2016.

Beatriz Colomina, Mark Wigley, *are we human? notes on an archaeology of design* Lars Müller Publishers, Zurich 2016.

Mariana Cook, *Stone Walls: Personal Boundaries*, Damiani Editore, Bologna 2011.

Peter Cook (ed.), *A Guide to Archigram 1961–1974*, Academy Editions, London 1994.

Hilary Cottam, *Radical Help: How We Can Remake the Relationships Between Us and Revolutionise the Welfare State*, Virago, London 2018.

Elizabeth Crawford, *Enterprising Women: The Garretts and their Circle*, Francis Boule Publishers, London 2002/2009.

Ilse Crawford, *A Frame for Life: The Designs of Studio Ilse*, Rizzoli, New York 2014.

Kate Crawford, *Atlas of AI*, Yale University Press, New Haven 2021.

Caroline Criado Perez, *Invisible Women: Exposing Data Bias in a World Designed for Men*, Chatto & Windus, London, 2019.

David Crowley, Jane Pavitt (eds.), *Cold War Modern: Design 1945–1970*, exh. cat., V&A Publishing, London 2008.

Charles Darwin, *The Descent of Man: Selection in Relation to Sex* (1871), Penguin Classics, London 2004.

Charles Darwin, *The Origin of Species* (1859), Wordsworth Classics of World Literature, Ware 1998.

Jehanne Dautry, Emanuele Quinz (eds.), *Strange Design: From Objects to Behaviours*, it: éditions, Forcalqueiret 2015.

Ann De Vries, *Deep Scroll*, Onomatopee, Eindhoven 2021.

Chris Dercon, Wilfried Kuehn, Armin Linke (eds.), *Carlo Mollino: Maniera Moderna*, Verlag Walther König, Cologne 2011.

Chris Dercon, Helen Sainsbury, Wolfgang Tillmans (eds.), *Wolfgang Tillmans*, exh. cat.,

Tate Publishing, London 2017.

Alexander Dorner, *Catalogue for Herbert Bayer Exhibition at the London Gallery* (April 8–May 1,1937), London Gallery, London 1937.

Henry Dreyfuss, *Designing for People*, Simon & Schuster, New York 1955.

Magdalena Droste, Manfred Ludewig, Bauhaus-Archiv (eds.), *Marcel Breuer Design*, Taschen, Cologne 1992.

Anthony Dunne, *Hertzian Tales: Electronic Products, Aesthetic Experience and Critical Design*, Royal College of Art Computer Related Design Research Studio, London 1999.

Sam Durant (ed.), *Black Panther: The Revolutionary Art of Emory Douglas*, Rizzoli International Publications, New York 2007.

George Dyson, *Turing's Cathedral: The Origins of the Digital Universe*, Allen Lane, London 2012.

George Eliot, *Middlemarch* (1874), Penguin Classics, London 1985.

Ignazia Favata, *Joe Colombo and Italian Design of the Sixties*, Thames & Hudson, London 1988.

Beppe Finessi, Cristina Miglio (eds.), *Mendini: A cura di*, Maurizio Corraini, Mantova 2009.

Alberto Fiz (ed.), *Mendini Alchimie: Dal Controdesign alle Nuove Utopie*, Mondadori Electa, Milan 2010.

Alan Fletcher, *Picturing and Poeting*, Phaidon Press, London 2006.

Henry Ford, Samuel Crowther, *My Life and Work—An Autobiography of Henry Ford*, Doubleday, Page and Company, New York 1922.

Kate Forde (ed.), *Dirt: The Filthy Reality of Everyday Life*, Profile Books in association with the Wellcome Collection, London 2009.

Formafantasma (ed.), *Cambio*, Serpentine Galleries, London 2020.

Norman Foster (ed.), *Dymaxion Car: Buckminster Fuller*, Ivorypress, Madrid and London 2010.

Celina Fox, *The Arts of Industry in the Age of Enlightenment*, Yale University Press, New Haven, Connecticut 2009.

Nicholas Fox Weber (ed.), *A Beautiful Confluence: Anni and Josef Albers and the Latin American World*, The Josef and Anni Albers Foundation, Bethany, Connecticut 2015.

Nicholas Fox Weber, Pandora Tabatabai Asbaghi, *Anni Albers*, Guggenheim Museum Publications, New York 1999.

Nicholas Fox Weber, Martin Filler, *Josef + Anni Albers: Designs for Living*, Merrell Publishers, London 2004.

Mark Frauenfelder, *The Computer*, Carlton Books, London 2005.

Arnd Friedrichs, Kerstin Finger (eds.), *The Infamous Chair: 220C Virus Monobloc*, Die Gestalten Verlag, Berlin 2010.

Alastair Fuad-Luke, *Design Activism: Beautiful Strangeness for a Sustainable World*, Earthscan, London 2009.

Naoto Fukasawa, Jasper Morrison, *Super Normal: Sensations of the Ordinary*, Lars Müller Publishers, Baden 2007.

Beatrice Galilee, *Radical Architecture of the Future*, Phaidon Press, London 2021.

Martino Gamper, *100 Chairs in 100 Days and its 100 Ways*, Dent-De-Leone, London 2007.

Simon Garfield, *Just My Type: A book About Fonts*, Profile Books, London 2010.

Ken Garland, *Mr Beck's Underground Map*, Capital Transport Publishing, Harrow 2008.

Philippe Garner, *Eileen Gray: Designer and Architect*, Taschen, Cologne 1993.

Siegfried Giedion, *The Key to Reality: What Ails Our Time? Catalogue for Constructivist Art Exhibition at the London Gallery* (July 12 to 31, 1937), London Gallery, London 1937.

Siegfried Giedion, *Space, Time and Architecture: The Growth of a New Tradition*, Harvard University Press, Cambridge, Massachusetts 1941.

James Gleick, *The Information: A History, A Theory, A Flood*, Fourth Estate, London 2012.

Andrea Gleiniger *The Chair No. 14 by Michael Thonet*, Verlag form, Frankfurt 1998.

Mark Godfrey (ed.), *Richard Hamilton*, exh. cat., Tate Publishing, London 2014.

Mark Godfrey, Zoe Whitley (eds.) *Soul of a Nation: Art in the Age of Black Power*, exh. cat., Tate Publishing, London 2017.

Robert Graves, *Greek Myths* (1955), Cassell/QPD, London 1991.

Adam Greenfield, *Radical Technologies: The Design of Everyday Life*, Verso, London 2017.

Jean-Pierre Greff (ed.), *AC/DC Contemporary Art, Contemporary Design*, Geneva University of Art and Design, Geneva 2008.

Thierry Grillet, Marie-Laure Jousset (eds.), *Ettore Sottsass*, exh. cat., Éditions du Centre Pompidou, Paris 1994.

Joost Grootens, *I Swear I Use No Art at All: 10 Years, 100 Books, 18,788 Pages of Book Design*, 010 Publishers, Rotterdam 2010.

Robert Grudin, *Design and Truth*, Yale University Press, New Haven, Connecticut 2010.

Martí Guixé, *Food Designing*, Maurizio Corraini, Mantova 2010.

Fritz Haeg, *Edible Estates: Attack on the Front Lawn, A Project by Fritz Haeg*, Metropolis Books, New York 2008.

Tanya Harrod, *The Last Sane Man, Michael Cardew: Modern Pots, Colonialism, and the Counterculture*, Yale University Press, New Haven, Connecticut 2012.

Tanya Harrod, *The Real Thing: Essays on Making in the Modern World*, Hyphen Press, London 2015.

Carla Hartmann, Eames Demetrios (eds.), *100 Quotes by Charles Eames*, Eames Office, Santa Monica, California 2007.

W. F. Haug, *Critique of Commodity Aesthetics: Appearance, Sexuality and Advertising in Capitalist Society* (1971), Polity Press, Cambridge 1986.

K. Michael Hays, Dana Miller (eds.), *Buckminster Fuller: Starting with the Universe*, exh. cat., Whitney Museum of American Art, New York 2008.

Jing He, *Tulip Pyramid—Copy and Identity*, Design Academy Eindhoven, Eindhoven 2016.

Steven Heller, *Paul Rand*, Phaidon Press, London 1999.

Sara Hendren, *What Can a Body Do?: How We Meet the Built World*, Riverhead Books, New York 2020.

John Heskett, *Industrial Design*, Thames & Hudson, London 1980.

John Heskett, *Toothpicks & Logos: Design in Everyday Life*, Oxford University Press, Oxford 2002.

E. J. Hobsbawm, *Industry and Empire* (1968), Penguin Books, Harmondsworth 1982.

E. J. Hobsbawm, *The Age of Capital: 1848–1875* (1975), Abacus, London 1985.

Eric Hobsbawm, *The Age of Extremes: The Short Twentieth Century 1914–1991* (1994), Abacus, London 2008.

E. J. Hobsbawm, *The Age of Revolution: Europe 1789–1848* (1962), Abacus, London 1987.
Andrew Hodges, *Alan Turing: The Enigma* (1983), Vintage, London 2012.
Jens Hoffmann, Claudia J. Nahson (eds.), *Roberto Burle Marx: Brazilian Modernist*, Yale University Press, New Haven, Connecticut 2016.
Anne Hollander, *Sex and Suits: The Evolution of Modern Dress* (1994), Claridge Press, Brinkworth 1998.
Lilli Hollein, Tina Thiel, *Vienna Design Week, Stadtarbeit, Ten Years of Design Featuring the City*, Umstaetter, Vienna 2016.
Richard Holmes, *The Age of Wonder: How the Romantic Generation Discovered the Beauty and Terror of Science*, Harper Collins, London 2008.
Tristram Hunt, *The Radical Potter: Josiah Wedgwood and the Transformation of Britain*, Allen Lane, London, 2021.
Catherine Ince, Lotte Johnson, *The World of Charles and Ray Eames*, Thames & Hudson, London 2016.
Reginald Isaacs, *Gropius: An Illustrated Biography of the Creator of the Bauhaus* (1983), Bullfinch Press, Boston 1991.
Walter Isaacson, *Steve Jobs*, Little Brown, London 2011.
Frederic Jameson, *Postmodernism or, The Cultural Logic of Late Capitalism*, Verso, London 1991.
Iva Janáková (ed.), *Ladislav Sutnar—Prague—New York—Design in Action*, Argo, Prague 2003.
Charles Jencks, Nathan Silver, *Adhocism: The Case for Improvisation* (1972), Doubleday & Company, New York 2013.
Philip Johnson, *Machine Art*, exh. cat., The Museum of Modern Art, New York 1934.
Philip Johnson, *Objects: 1900 and Today*, exh. cat., The Museum of Modern Art, New York 1933.
Steve Jones, *Darwin's Island: The Galapagos in the Garden of England*, Little, Brown, London 2009.
Cees W. de Jong (ed.), *Jan Tschichold: Master Typographer, His Life, Work & Legacy*, Thames & Hudson, London 2008.
Lorraine Justice, *China's Design Revolution*, MIT Press, Cambridge, Massachusetts 2012.
Edgar Kaufmann Jr., *Good Design*, exh. cat., The Museum of Modern Art, New York 1950.
Edgar Kaufmann Jr., *Organic Design in Home Furnishings*, exh., cat., The Museum of Modern Art, New York 1941.
Edgar Kaufmann Jr., *Prize Designs for Modern Furniture*, exh. cat., The Museum of Modern Art, New York 1950.
Alison Kelly (ed.), *The Story of Wedgwood* (1962), Faber & Faber, London 1975.
Gyorgy Kepes, *Language of Vision* (1944), Dover Publications, New York 1995.
Gyorgy Kepes (ed.), *Gyorgy Kepes: The MIT Years 1945–1977*, MIT Press, Cambridge, Massachusetts 1978.
Yuko Kikuchi, *Japanese Modernisation and Mingei Theory: Cultural nationalism and Oriental Orientalism*, Routledge Curzon, London 2004.
Emily King (ed.), *Designed by Peter Saville*, Frieze, London 2003.
Emily King, *Robert Brownjohn: Sex and Typography*, Princeton Architectural Press, New York 2005.

Pat Kirkham, *Charles and Ray Eames: Designers of the Twentieth Century*, MIT Press, Cambridge, Massachusetts 1995.

Pat Kirkham (ed.), *The Gendered Object*, Manchester University Press, Manchester 1996.

Klaus Klemp, Hehn-Chu Ahn, Matthias Wagner K, *Korea Power—Design and Identity*, Gestalten, Berlin 2013.

Naomi Klein, *No Logo*, Flamingo, London 2000.

Anniina Koivu (ed.), *Ronan & Erwan Bouroullec: Works*, Phaidon Press, London 2012.

Rem Koolhaas, Bruce Mau with Jennifer Sigler (eds.). *Small, Medium, Large, Extra-Large: Office for Metropolitan Architecture*, 010 Publishers, Rotterdam 1995.

Rem Koolhaas, *Koolhaas. Countryside: A Report*, Taschen, Cologne 2020.

Rem Koolhaas, Hans Ulrich Obrist, *Project Japan: Metabolism Talks ...* , Taschen, Cologne 2011.

Joachim Krausse, Claude Lichtenstein (eds.), *Your Private Sky: R. Buckminster Fuller*, Lars Müller Publishers, Baden 2000.

Mateo Kries, Jochen Eisenbrand, (eds.), *Alexander Girard: A Designer's Universe*, exh. cat., Vitra Design Museum, Weil-am-Rhein 2016.

Mateo Kries, Christoph Thun-Hohenstein, Amelie Klein, *Hello Robot: Design between Human and Machine*, exh. cat., Vitra Design Museum, Weil-am-Rhein 2017.

Mateo Kries, Alexander von Vegesack (eds.), *Joe Colombo: Inventing the Future*, exh. cat., Vitra Design Museum, Weil-am-Rhein 2005.

Max Lamb, *My Grandfather's Tree*, Dent-de-Leon, London 2015.

Peter Lang, William Menking (eds.), *Superstudio: Life Without Objects*, Skira Editore, Milan 2003.

Andres Lepik, Ayça Beygo (eds.), *Francis Kéré: Radically Simple*, Hatje Cantz Verlag, Berlin 2016.

Jeremy Lewis, *Penguin Special: The Life and Times of Allen Lane* (2005), Penguin Books, London 2006.

William Little, H. W. Fowler, Jessie Coulson with C. T. Onions (ed.), *The Shorter Oxford English Dictionary On Historical Principles: Volume 1*, Clarendon Press, Oxford 1987.

Loretta Lorance, *Becoming Bucky Fuller*, MIT Press, Cambridge, Massachusetts 2009.

Sophie Lovell, *Dieter Rams: As Little Design as Possible*, Phaidon Press, London 2011.

James Lovelock, *Novacene: The Coming Age of Hyperintelligence*, Allen Lane, London 2019.

Jacques Lucan (ed.), *OMA—Rem Koolhaas: Architecture 1970-1990* (1990), Princeton Architectural Press, New York 1991.

Fiona MacCarthy, *The Last Pre-Raphaelite: Edward Burne-Jones and the Victorian Imagination*, Faber & Faber, London 2011.

Fiona MacCarthy, *William Morris: A Life for Our Time*, Faber & Faber, London 1994.

Christine Macel, *Viva Arte Viva: 57th International Art Exhibition La Biennale Di Venezia*, exh. cat., Rizzoli International Publications, New York 2017.

John Maeda with Becky Bermont *Redesigning Leadership: Design, Technology, Business, Life*, MIT Press, Cambridge, Massachusetts 2011.

Geoff Manaugh, Nicola Twilley, *Until Proven Safe: The History and Future of Quarantine*, Farrar, Strauss and Giroux, New York 2021.

Karl Mang, *History of Modern Furniture*, Verlag Gerd Hatje, Stuttgart 1978.
Beate Manske (ed.), *Wilhelm Wagenfeld (1900–1990)*, Hatje Cantz Verlag, Ostfildern-Ruit 2000.
Ank Leeuw Marcar (ed.), *Willem Sandberg—Portrait of an Artist*, Valiz, Amsterdam 2014.
Bruce Mau, *Life Style*, Phaidon Press, London 2000.
Bruce Mau and the Institute without Boundaries, *Massive Change*, Phaidon Press, London 2004.
Cara McCarty, *Designs for Independent Living*, exh. cat., The Museum of Modern Art, New York 1988.
Mary McLeod (ed.), *Charlotte Perriand: An Art of Living*, Harry N. Abrams, New York 2003.
Christien Meindertsma, *Pig 05049*, Flocks, Rotterdam 2007.
Metahaven, Marina Vishmidt (eds.), *Uncorporate Identity*, Lars Müller Publishers/Jan van Eyck Academie, Baden/Maastricht 2010.
Bill Moggridge, *Designing Interactions*, MIT Press, Cambridge, Massachusetts 2007.
Bill Moggridge, *Designing Media*, MIT Press, Cambridge, Massachusetts 2010.
László Moholy-Nagy, *Vision in Motion*, Paul Theobald & Co., Chicago 1947.
Sibyl Moholy-Nagy, *Moholy-Nagy: Experiment in Totality*, Harper & Brothers, New York 1950.
Anne Montfort (ed.), *Sonia Delaunay*, exh. cat., Tate Enterprises, London 2014.
Richard Morphet (ed.), *Richard Hamilton*, exh. cat., Tate Gallery Publications, London 1992.
Jasper Morrison, *A Book of Spoons*, Imschoot Uitgevers, Ghent 1997.
Jasper Morrison, *A Book of Things*, Lars Müller Publishers, Zurich 2015.
Jasper Morrison, *Everything but the Walls*, Lars Müller Publishers, Baden 2002.
Jasper Morrison, *The Good Life: Perceptions of the Ordinary*, Lars Müller Publishers, Zurich 2014.
Jasper Morrison, *The Hard Life*, Lars Müller Publishers, Zurich 2017.
Farshid Moussavi, *The Function of Form*, Actar/Harvard University Graduate School of Design, Barcelona/Cambridge, Massachusetts 2009.
Farshid Moussavi, Michael Kubo (eds.), *The Function of Ornament*, Actar, Barcelona 2006.
Farshid Moussavi, *The Function of Style*, Actar, Barcelona 2015.
Bruno Munari, *Design as Art* (1966), Penguin Books, London 2008.
Bruno Munari, *Supplemento al dizionario italiano/Supplement to the Italian dictionary* (1963), Maurizio Corraini, Mantova 2004.
Heike Munder (ed.), *Peter Saville Estate 1–127*, migros museum für gegenwartskunst Zürich/JRP | Ringier, Zurich 2007.
John Neuhart, Marilyn Neuhart, Ray Eames, *Eames Design: The Work of the Office of Charles and Ray Eames*, Thames and Hudson, London 1989.
Marilyn Neuhart with John Neuhart, *The Story of Eames Furniture*, Gestalten, Berlin 2010.
Marie Neurath, Robert S. Cohen (eds.), *Otto Neurath: Empiricism and Sociology*, D. Reidel Publishing Company, Dordecht 1973.
Otto Neurath, *From Hieroglyphics to Isotype: A Visual Autobiography*, Hyphen Press, London 2010.

Carolien Niebling, *The Sausage of the Future*, Lars Müller Publishers, Zürich 2017.

Jocelyn de Noblet (ed.), *Design, miroir du siècle*, Flammarion/APCI, Paris 1993.

Hans Ulrich Obrist, Kostas Stasinopolous (eds.), *140 Artists' Ideas for Planet Earth*, Penguin, London 2021.

Hans Ulrich Obrist (ed.), *A Brief History of Curating*, JRP | Ringier, Zurich 2008.

Hans Ulrich Obrist, Asad Raza, *Ways of Curating*, Allen Lane, London 2015.

Jonathan Olivares, *A Taxonomy of the Office Chair*, Phaidon, London 2011.

Elizabeth Otto, *Haunted Bauhaus: Occult Spriritually, Gender Fluidity, Queer Identities, and Radical Politics*, MIT Press, Cambridge 2019.

Victor Papanek, *Design for the Real World: Human Ecology and Social Change* (1971), Academy Chicago Publishers, Chicago 1985.

Rozsika Parker, *The Subversive Stitch: Embroidery and the Making of the Feminine*, The Women's Press, London 1984.

Martin Pawley, *Buckminster Fuller: How Much Does the Building Weigh?* (1990), Trefoil Publications, London 1995.

Alejandra de la Paz, Virginia Ruano (eds.), *Clara Porset's Design: Creating a Modern Mexico*, Museo Franz Mayer, Mexico City 2006.

Dan Pearson, Midori Shintani, *Tokachi Millennium Forest: Pioneering a New Way of Working With Nature*, Filbert Press, Bath 2020.

Charlotte Perriand, *Charlotte Perriand: A Life of Creation*, The Monacelli Press, New York 2003.

Ingrid Pfeiffer, Max Hollein (eds.), *László Moholy-Nagy Retrospective*, Prestel, Munich and Berlin 2009.

Emily Pilloton, *Design Revolution: 100 Products That Empower People*, Metropolis Books, New York 2009.

Cloé Pitiot, Nina Strizler-Levin (eds.), *Eileen Gray, Designer and Architect*, Yale University Press, New Haven 2020.

Plato, *The Republic*, trans. Desmond Lee 1995, Penguin Books, London 2007.

Paul Polak, *Out of Poverty: What Works When Traditional Approaches Fail*, Berrett-Koehler Publishers, San Francisco 2008.

Sergio Polano, *Achille Castiglioni: Tutte le opere 1938–2000*, Electa, Milan 2001.

Lisa Licitra Ponti, *Gio Ponti: The Complete Work 1923–1978*, Thames & Hudson, London 1990.

Jane Portal (ed.), *The First Emperor: China's Terracotta Army*, exh. cat., The British Museum Press, London 2007.

Richard Powers, *The Overstory*, Vintage, London 2018.

Rick Poynor (ed.), *Communicate: Independent British Graphic Design since the Sixties*, exh. cat., Barbican Art Gallery/Laurence King Publishing, London 2004.

Rick Poynor, *No More Rules: Graphic Design and Postmodernism*, Laurence King Publishing, London 2003.

Graham Pullin, *Design Meets Disability*, MIT Press, Cambridge, Massachusetts 2009.

Barbara Radice, *Ettore Sottsass: A Critical Biography*, Rizzoli International Publications, New York 1993.

Dieter Rams, *Less but Better*, Jo Klatt Design+Design Verlag, Hamburg 1995.

Herbert Read, *Art and Industry*, Faber & Faber, London 1934.
Casey Reas, Ben Fry, *Processing: A Programming Handbook for Visual Designers and Artists*, MIT Press, Cambridge, Massachusetts 2007.
Casey Reas, Chandler McWilliams, LUST, *Form + Code: In Design, Art and Architecture*, Princeton Architectural Press, New York 2010.
Peter Reed (ed.), *Alvar Aalto: Between Humanism and Materialism*, exh.cat., The Museum of Modern Art, New York 1998.
David Reinfurt, Robert Wiesenberger, *Muriel Cooper*, MIT Press, Cambridge, Massachusetts 2017.
Timo de Rijk, *Norm = Form on standardisation and design*, Foundation Design den Haag/Gemeentemuseum Den Haag/Uitgeverij Thieme Art b.v., Deventer, The Hague 2010.
Terence Riley, Barry Bergdoll (eds.), *Mies in Berlin*, exh. cat., The Museum of Modern Art, New York 2001.
Jose Roca, Alejandro Martin, *Waterweavers: A Chronicle of Rivers*, Bard Graduate Center, New York 2014.
Marco Romanelli, *Gio Ponti: A World*, Editrice Abitare Segesta, Milan 2002.
Catharine Rossi, Alex Coles (eds.), *EP/Volume. 1: The Italian Avant-Garde, 1968–1976*, Sternberg Press, Berlin 2013.
David Rothenberg, *Survival of the Beautiful: Art, Science, and Evolution*, Bloomsbury Press, New York 2011.
Bernard Rudofsky, *Architecture Without Architects: A Short Introduction to Non-Pedigreed Architecture* (1964), University of New Mexico Press, Albuquerque, New Mexico 1987.
Zoë Ryan (ed.), *As Seen: Exhibitions that Made Architectecture and Design History*, The Art Institute of Chicago, Chicago 2017.
Zoë Ryan, Joseph Rosa, *Hyperlinks: Architecture and Design*, The Art Institute of Chicago, Chicago 2010.
Zoë Ryan (ed.), *In a Cloud, In a Wall, In a Chair: Six Modernists in Mexico at Midcentury*, The Art Institute of Chicago, Chicago 2019.
Louise Schouwenberg, *Hella Jongerius*, Phaidon Press, London 2003.
Louise Schouwenberg (ed.), *Hella Jongerius: Misfit*, Phaidon Press, London 2010.
Sarah Schrauwen, Lucienne Roberts, Rebecca Wright (eds.), *Can Graphic Design Save Your Life?* GraphicDesign&, London 2017.
Franz Schulze, *Philip Johnson: Life and Work*, Alfred A. Knopf, New York 1994.
Lella Secor Florence, *Our Private Lives: America and Britain*, George G. Harrap, London 1944.
Meryle Secrest, *Frank Lloyd Wright: A Biography*, Alfred A. Knopf, New York 1992.
Libby Sellers, *Women Design: Pioneers in Architecture, Industrial, Graphic and Digital Design from the Twentieth Century to The Present Day*, Frances Lincoln/The Quarto Group, London 2017.
Richard Sennett, *The Conscience of the Eye: The Design and Social Life of Cities*, Alfred A. Knopf, New York 1990.
Richard Sennett, *The Craftsman*, Allen Lane, London 2008.
Paul Shaw, *Helvetica and the New York City Subway System: The True (Maybe) Story*, MIT Press, Cambridge, Massachusetts 2010.

Malkit Shoshan, *Atlas of the Conflict: Israel—Palestine*, 010 Publishers, Amsterdam 2013.
Samuel Smiles, *Josiah Wedgwood, FRS: His Personal* (1895), Leopold Classic Library, South Yarra 2016.
Patti Smith, *Just Kids* Bloomsbury Publishing, London 2010.
Félix Solaguren-Beascoa de Corral, *Arne Jacobsen*, Editorial Gustavo Gili, Barcelona 1991.
Leendert Sonnevelt, Job Melhuizen, *Dutch Design Today: Be the Future/Back to the Future*, Lecturis, Eindhoven 2017.
Susan Sontag (ed.), *Barthes: Selected Writings*, Fontana Paperbacks, London 1983.
Space Caviar (eds.), *Non-Extractive Architecture: On Designing without Depletion*, V-A-C Press, Moscow/Sternberg Press, Berlin 2021.
Penny Sparke (ed.), Reyner Banham, *Design by Choice*, Academy Editions, London 1981.
Penny Sparke, *Italian Design: 1870 to the Present*, Thames and Hudson, London 1988.
Nancy Spector (ed.), *Matthew Barney: The Cremaster Cycle*, Harry N. Abrams, New York 2002.
Kate Stohr, Cameron Sinclair (eds.), *Design Like You Give A Damn: Architectural Responses to Humanitarian Crises*, Metropolis Books, New York 2006.
Nina Stritzler-Levine (ed.), *Sheila Hicks: Weaving as Metaphor*, Yale University Press, New Haven, Connecticut 2006.
Studio Gang (eds.), *Studio Gang: Architecture*, Phaidon Press, London, 2020.
Swapnaa Tamhane, Rashmi Varma, *Sār: The Essence of Indian Design*, Phaidon Press, London 2016.
Bobbye Tigerman (ed.), *A Handbook of California Design, 1930–1965: Craftspeople, Designers, Manufacturers*, Los Angeles County Museum of Art/MIT Press, Los Angeles/Cambridge, Massachusetts 2013.
Van Dale Groot woordenboek van de Nederlandse taal, Van Dale, Utrecht 2015.
Arjen Van Susteren, *Metropolitan World Atlas*, 010 Publishers, Amsterdam 2004.
Frederick Winslow Taylor, *The Principles of Scientific Management* (1911), Dover Publications, Mineola, New York 2003.
Henk Tennekes, *The Simple Science of Flight: From Insects to Jumbo Jets*, MIT Press, Cambridge, Massachusetts 2009.
John Thackara (ed.), *Design After Modernism: Beyond the Object*, Thames & Hudson, London 1988.
John Thackara, *In the Bubble: Designing in a Complex World*, MIT Press, Cambridge, Massachusetts 2006.
Wolfgang Tillmans, *If One Thing Matters, Everything Matters*, Tate Publishing, London 2003.
Frank Trentmann, *Empire of Things*, Allen Lane, London 2016.
Edward Tufte, *Beautiful Evidence*, Graphics Press, Cheshire, Connecticut 2006.
Edward R. Tufte, *Envisioning Information*, Graphics Press, Cheshire, Connecticut 1990.
Edward R. Tufte, *The Visual Display of Quantitative Information* (1983), Graphics Press, Cheshire, Connecticut 2001.
Margarita Tupitsyn (ed.), *Rodchenko and Popova: Defining Constructivism*, exh. cat., Tate Publishing, London 2009.
Keiko Ueki-Polet, Klaus Kemp (eds.), *Less and More: The Design Ethos of Dieter Rams*, Die

Gestalten Verlag, Berlin 2009.

Jenny Uglow, *The Lunar Men: The Friends who Made the Future 1730–1810*, Faber and Faber, London 2002.

Jenny Uglow, *The Pinecone: The Story of Sarah Losh, Forgotten Romantic Heroine – Antiquarian, Architect and Visionary*, Faber and Faber, London 2012.

Giorgio Vasari, *Lives of the Artists: Volume I* (1550), Penguin Books, London 1987.

Alexander von Vegesack, *Thonet: Classic Furniture in Bent Wood and Tubular Steel*, Hazar Publishing, London 1996.

Robert Venturi, Denise Scott Brown, Steven Izenour, *Learning from Las Vegas: The Forgotten Symbolism of Architectural Form* (1972), MIT Press, Cambridge, Massachusetts 1977.

Lukas Verweij (ed.), *Hella Jongerius: I Don't Have a Favorite Colour, Creating the Vitra Colour & Material Library*, Gestalten, Berlin 2016.

Julia Watson, *Lo–TEK: Design by Radical Indigenism*, Taschen, Cologne 2019.

Peter Weiss (ed.), *Alessandro Mendini: Design and Architecture*, Electa, Milan 2001.

Eyal Weizman, *Forensic Architecture: Violence at the Threshold of Detectability*, MIT Press, Cambridge, Massachusetts 2017.

Eyal Weizman, *Investigative Aesthetics: Conflicts and Commons in the Politics of Truth*, Verso Books, London 2021.

Nigel Whiteley, *Reyner Banham: Historian of the Immediate Future*, MIT Press, Cambridge, Massachusetts 2002.

Raymond Williams, *Keywords: A Vocabulary of Culture and Society* (1976), Fontana, London 1983.

Elizabeth Wilson, *Adorned in Dreams: Fashion and Modernity*, Virago Press, London 1985.

Elizabeth Wilson, *Hallucinations: Life in the Post–Modern City* (1988), Hutchinson Radius, London 1989.

Hans M. Wingler, *Bauhaus: Weimar, Dessau, Berlin, Chicago*, MIT Press, Cambridge, Massachusetts 1976.

Zairon Xiang, *Queer Ancient Ways: A Decolonial Exploration*, punctum books, Goleta 2018.

Sōetsu Yanagi, *The Unknown Craftsman: A Japanese Insight into Beauty*, Kodansha International, Tokyo 1972.

Theodore Zeldin, *An Intimate History of Humanity* (1994), Vintage, London 1998.

Ida van Zijl, *Droog Design 1991–1996*, Centraal Museum, Utrecht 1997.

致谢

我热爱撰写设计类文章的原因之一在于，设计始终在不断发展变化，以反映更广泛的社会、政治、经济和生态发展。自《设计作为一种态度》（Design as an Attitude）第 1 版于 2018 年出版以来，发生了太多的变化，因此，在第 2 版中我调查了自那时以来出现的新问题和新挑战，并绘制了第 1 版中所涉及设计项目的进展图，也探索了新的设计项目，这对我来说既令人兴奋又富有启发性。

首先，我要感谢的是珍妮弗·希吉（Jennifer Higgie）。当她担任《弗里兹》杂志的编辑总监时，她委托我为该杂志撰写设计专栏，并建议我以出版所有专栏合集为目标进行规划。2018 年，我特地为《设计作为一种态度》第 1 版撰写了新的文本，并对原始专栏进行了扩展和更新，2022 年的第 2 版也是如此。但如果没有她的帮助，这本书就不会存在。我非常感谢她提出的这个想法，以及她作为一位极其慷慨且鼓舞人心的编辑所给予的支持。同时，我也要感谢《弗里兹》杂志的每一位成员。

其次，我要感谢另一位慷慨且鼓舞人心的朋友汉斯·乌尔里希·奥布里斯特（Hams Ulrich Obrist），是他将我介绍给了克莱门特·迪里埃（Clément Dirié），迪里埃将《设计作为一种态度》纳入 JRP 出版社的"文档"（Documents）系列出版。与克莱门特及其在 JRP 出版社的团队，以及他们的国际发行商合作是一件令人愉快的事情。我非常感谢他们所有人，也感谢我的文学经纪人托比·芒迪（Toby Mundy）及其在英国创意管理公司（Aevitas Creative Management UK）的同事，以及 Riot Communications 的凯特琳·艾伦（Caitlin Allen）、凯蒂·麦克米兰-斯科特（Katy Mac Millam-Scott）和普里娜·加德赫（Preena Gadher）。

再次，我要感谢为撰写本书而进行调查研究的机构的工作人员：伦敦维多利亚与阿尔伯特博物馆的国家艺术图书馆和纽约现代艺术博物馆的博物馆图书馆。

最后，我还要感谢所有慷慨允许我们在《设计作为一种态度》中使用其图片的个人和组织：詹尼·安东尼阿里（Gianni Antoniali）、黑骏马工作室、马可·贝克·佩科兹（Marco Beck Peccoz）、彼得·比拉克（Peter Biľak）、伊玛·布、C41、芒塔卡·查桑特（Muntaka Chasant）、丹麦手工艺（Danish Crafts）、欧洲航天局、公平手机、穆罕默德·法亚兹、幻形、福斯设计、马库斯·加布（Marcus Gaab）、马蒂诺·甘珀尔、耶佩·古德曼森（Jeppe Gudmundsen）、贺晶、克里斯·利尔本伯格·哈尔斯特罗姆、海拉·容格里斯及容格里斯实验室（JongeriusLab）、荷兰皇家航空公司、马克·拉策尔（Marc Latzel）、迈克尔·莱基（Michael Leckie）、加布里埃尔·A.马赫、马泰奥·德梅达（Matteo de Mayda）、孟菲斯公司、蒂莫西·米勒（Timothy Miller）、华盛顿特区非裔美国人历史与文化国家博物馆、莫林·佩利（Maureen Paley）、扬·威廉·彼得森及专业行动部门（Specialist Operations）、特拉维斯·拉斯伯恩（Travis Rathbone）、费姆克·赖耶曼（Femke Reijerman）、劳力士奖（Rolex Awards）、健康故事、蛇形画廊、阿祖罗工作室（Studio Azzuro）、对话之手、海洋清理、沃尔夫冈·提尔曼斯、托卡博卡、我们回收者和亚瑟·赞格。

《设计作为一种态度》是多年设计研究的成果。我非常幸运地在研究过程中得到了《纽约时报》同事、我的"设计应急"联合创始人保拉·安东内利，以及其他所有热爱设计或以其他方式做出贡献的朋友和合作者的帮助。我个人和职业上都欠他们很大的人情，同时也欠那些优秀的设计师、制作者、修理工、工程师、活动家、程序员、艺术家、建筑师、作家、策展人、历史学家,以及其他领域的人士的人情,他们慷慨地与我分享了对设计的知识和经验。其中一些人出现在《设计作为一种态度》中,而另一些人则通过影响我对设计的思考来影响这本书。感谢你们所有人,我深爱并感谢你们。

译后记

爱丽丝·劳斯瑟恩的《设计作为一种态度》是一本面向当代问题的设计批评读本，本书的标题致敬了20世纪著名设计师、教育家莫霍利-纳吉在其著作《运动中的视觉》中所提倡的具有态度的设计。作者爱丽丝·劳斯瑟恩以其敏锐的洞察力与全球化的设计视角，通过一系列富有启发性的案例与论述，揭示了设计在当代社会中的多维角色——不仅是功能的实现，更是文化、政治、生态与技术交织的实践。

《设计作为一种态度》的中文版是基于原书出版后的增补版进行翻译的。在原书出版后的几年间，全球经历了疫情冲击、气候危机加剧、数字技术爆发等问题与挑战，这些变化无不深刻重塑了设计的边界与责任。增补版增加了作者对于近几年全球发展变化的新观察，进一步扩展了劳斯瑟恩的批判框架，将设计置于更紧迫的语境中讨论，也强化了"设计"在当代的意义，具有态度的设计可以成为促使社会变革的重要驱动力。

设计批评的历史可以追溯到19世纪的工艺美术运动，当时约翰·拉斯金和威廉·莫里斯等人批判工业化生产对美感和工匠精神的侵蚀。20世纪初，包豪斯强调设计的功能主义与社会责任。二战后，设计批评逐渐专业化，如设计师维克多·帕帕奈克在《为真实的世界设计》中，抨击商业设计中资源浪费的问题，呼吁设计应服务于社会需求。20世纪末至今，设计批评的议题更加多元化，涵盖可持续设计、数字伦理、去殖民化设计等方向。

作为"设计策展·理论与实践系列"丛书中设计批评方向的著作，在翻译本书的过程中，我再次认识到设计批评的重要性在于它不仅能够揭示设计背后的深层意义，更能推动设计实践的反思与进步。设计批评既是设计的"镜子"，反映其社会影响与伦理责任，也是设计的"推手"，促进变革与创新。它通过对设计作品、现象和系统的分析与评价，揭示设计背后的权力关系、文化价值与未来可能。

  在中国语境下，设计策展与批评仍是一个相对年轻的领域。中央美术学院设计学院立足人文社会中设计实践的变迁，以全球性视野面向社会未来发展构建教学体系，在国内开设首个"设计策展与空间叙事"专业方向。聚焦当代策展实践、空间叙事和展览设计等领域，对设计文化现象进行反思与批判，为物象感知和情境体验提供研究路径；力求以多元的方式切入策展议题，以多元视角拓展当代设计策展与批评的潜力。秉持"设计策展作为书写中国设计史的一种途径"为教学目标，希望为我国设计策展与批评、设计博物馆建设、设计收藏体系的完善与更新培养核心人才。

  在本书的出版过程中，首先要衷心感谢作者爱丽丝·劳斯瑟恩在设计批评领域的杰出贡献并特为中文版撰写了前言；特别鸣谢机械工业出版社极具前瞻性地发起该出版系列，感谢饶薇、徐强的鼎力支持，以及本系列的策划编辑马晋老师；最后感谢本系列的召集人中央美术学院设计学院薛天宠老师。

李贝壳

2025 年 6 月 2 日